新时代课堂变革与创新丛书

走进智慧课堂

ZOUJIN
ZHIHUI
KETANG

谢幼如　邱 艺／编著

XINSHIDAI KETANG
BIANGE YU
CHUANGXIN CONGSHU

北京师范大学出版集团
BEIJING NORMAL UNIVERSITY PUBLISHING GROUP
北京师范大学出版社

图书在版编目(CIP)数据

走进智慧课堂／谢幼如，邱艺编著. —北京：北京师范大学出版社，2019.3(2024.7 重印)

（新时代课堂变革与创新丛书）

ISBN 978-7-303-24186-6

Ⅰ. ①走… Ⅱ. ①谢… ②邱… Ⅲ. ①课堂教学－教学研究 Ⅳ. ①G424.21

中国版本图书馆 CIP 数据核字（2018）第 213225 号

图书意见反馈：gaozhifk@bnupg.com 010-58805079
营销中心电话：010-58802755 58800035
北师大出版社教师教育分社微信公众号 京师教师教育

出版发行：北京师范大学出版社 www.bnupg.com
　　　　　北京市西城区新街口外大街 12-3 号
　　　　　邮政编码：100088
印　　刷：北京虎彩文化传播有限公司
经　　销：全国新华书店
开　　本：787 mm×1092 mm 1/16
印　　张：9.25
字　　数：150 千字
版　　次：2019 年 3 月第 1 版
印　　次：2024 年 7 月第 4 次印刷
定　　价：36.00 元

策划编辑：栾学东 庞海龙　　　责任编辑：郭 瑜
美术编辑：焦 丽　　　　　　　装帧设计：焦 丽
责任校对：陈 民　　　　　　　责任印制：马 洁

前　言

　　课堂是教育的主战场，只有抓住课堂这个核心地带，教育改革才能真正发展。随着国家"互联网＋"、大数据、人工智能等重大战略行动的推进，智慧课堂的建设与应用逐渐成为我国教育信息化发展的新方向与新常态。

　　智慧课堂将智慧教育的理念、技术和方法等应用于课堂教学中，以培养具有高智能和创造力的人才为目标，依赖于人工智能、大数据、学习分析等技术，实施学情诊断分析和资源智能推送，开展"云＋端"学习活动与支持服务，实现学习过程记录与多元智能评价。智慧课堂不是智能技术与课堂教学的简单相加，而是将智能技术恰当地应用于课堂教学的主要环节，通过落实立德树人、重构课程结构、再造教学流程、转变学习方式、重塑师生角色和加强家校互动，以变革课堂教学，创新教育生态，培养新时代人才。

　　多年来，本研究团队深入课堂前沿阵地，开展信息化教学的理论研究与实践创新，探究课堂教学本质，重构课堂教学价值观，揭示智慧课堂基本内涵，厘清技术促进课堂变革的关系，建构技术促进课堂变革的路径，从而形成智慧课堂促进教育变革的理论体系。在此基础上，总结归纳智慧课堂的教学设计方法，并构建出多种智慧课堂教学模式，包括智慧课堂个性化教学、智慧课堂翻转教学、智慧课堂生成性教学、智慧课堂可视化教学、智慧课堂创客教学等。

　　本研究团队还成功打造了"智慧课堂教学"慕课，并于2017年在中国大学慕课平台上线运营。该慕课聚焦智慧课堂教学理论与实践，强化课堂教学应用，重塑教学结构，再造教学流程，利用丰富真实的案例有力地打开现有的教学改革思路。该慕课自上线以来，受到来自全国各地广大教师的热烈欢迎和社会各界的广泛好评。

　　本书内容共五章。从"互联网＋"时代的课堂变革起航，带您认识智慧课堂基本内涵，了解智慧课堂环境，助您掌握智慧课堂教学设计方法，应用各种新型智慧课堂教学模式，开展智慧课堂教学评价。本书还通过二维码为您提供大量的智慧课堂教学资源、智慧课堂教学设计支架和来自名校名师的真实课堂教学案例等，直击一线课堂，切实提高您的信息化教学能力，助您成为"互联网＋"时代的智慧型教师。

　　本书的大部分案例来自本研究团队多年来的研究与实践。近年来，本研究团队依托"广州'教育u时代'提升工程""广州市中小学(中等职业学校)智慧校园实验研究""佛山市南海区普通高中'微爱行动计划'"等项目积极开展实践探索，努力聚焦课堂教学变革，形成了一大批涉及全学段、多学科的智慧课堂教学案例与研究成果，并在全国基础教育和职业教育中发挥积极的示范辐射作用。

本书由华南师范大学谢幼如教授主持撰写。广州市教育信息中心李赞坚高级教师和罗胜涛高级工程师、佛山市南海区教育局教研室郑兰桢主任等对有关项目的研究以及本书的撰写给予了大力支持。华南师范大学研究生邱艺参与了有关项目的研究以及本书的撰写，并具体负责第二、第四章的撰写以及第三、第五章的修订。研究生杨晓彤、李世杰、黎佳等积极参与部分内容的撰写以及配套数字资源的制作，在此表示诚挚的谢意！

由于教育信息化发展迅猛，智慧课堂的理论和方法还有待于在实践中进一步探索完善，加之时间仓促，作者水平有限，不足之处在所难免，希望广大读者予以批评指正。

目 录

第一章
"互联网＋"时代的课堂变革

➜ 内容结构

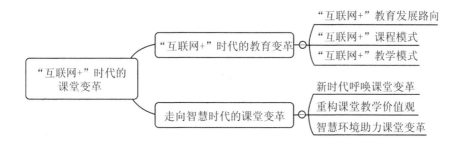

　　"互联网＋"教育是一个不可逆转的时代潮流，是教育教学改革的必然趋势。2015 年 7 月，《国务院关于积极推进"互联网＋"行动的指导意见》中提出了"互联网＋"十一项重点行动计划，针对教育领域强调要积极探索新型教育服务供给方式。诸多学者纷纷提出利用互联网思维改造学校，探索新型教育服务模式，重构教育生态体系。不少学校也开始运用互联网思维办学，创新了教学模式，为学习者提供个性化的服务，打破传统教育的生态平衡，变革了教育中动力、资源、技术、评价、管理等要素及要素间的关系，推动教育的结构性变革，促进教育生态体系的重构。

第一节　"互联网＋"时代的教育变革

　　"互联网＋"教育不是简单的教育在线化，而是代表了教育信息化发展的新阶段，是技术推动教育产生革命性变革的基础。"互联网＋"教育的本质是利用互联网思维激发教育的活力，并将其作为一种创新要素，深度融合到教育的各个环节中。互联网在我国的发展具有显著的中国特色，"互联网＋"教育不断呼唤用互联网思维创新教育教学模式，迫切需要从实践层面探索行之有效的方法。

一、"互联网＋"教育发展路向

"互联网＋"教育是一种变革的思路，是以互联网为基础设施和创新要素，创新教育的组织模式、服务模式、教学模式等，进而构建数字时代的新型教育生态体系。

互联网的发展不断重构人们的生产生活方式，其背后蕴含的是一种新的发展理念和实践范式，即互联网思维。"互联网思维"最早是由百度公司创始人李彦宏于2011年在百度峰会上提出的。2014年8月，习近平同志在主持召开中央全面深化改革领导小组第四次会议发表重要讲话时强调，要遵循新兴媒体发展规律，强化互联网思维。之后，"互联网思维"迅速走红，并被应用于各行各业，引发各家争鸣。

互联网思维是互联网时代融合实践的一种全新思维模式，主要特征包括：跨界融合、平台开放、用户至上、免费为王、体验为核、大数据应用。互联网思维是基于海量数据和丰富资源的立体网状思维，其特点是追求快速迭代、颠覆创新。

"互联网＋"时代教育教学的变革路径总体上是由封闭走向开放。由于技术对教育教学的支撑作用越来越重要，从原来的简单辅助教学走向重构教学流程和变革教学结构；教学形态也从传统教学走向翻转课堂和基于慕课（MOOC）与私播课（SPOC）的在线教学；因此，教育教学变革路径从传统的封闭课堂教学走向半封闭半开放的翻转课堂和完全开放的自组织在线教学，如图1-1所示。

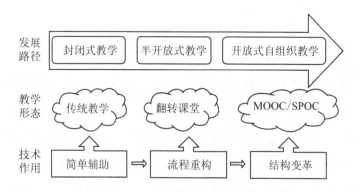

图1-1　"互联网＋"教育教学发展路向

二、 "互联网＋"课程模式

"互联网＋"教育是信息技术应用于教育领域所带来的新发展态势，如何在新的状态下发展教育教学、培养创新人才是教育各阶层理应思考的问题。课程是承载人才培养目标的内容载体，学校应依托课程，系统规划如何创新教学实践，利用互联网思维推动我国学校教学发展变革。因此，利用互联网思维创新教学实践，要以重构现有课程模式为切入点，以再造教学流程为落脚点，以创新组织管理为条件保障。

目前，运用互联网思维创新教育教学的研究主要表现为课程设计、课程开发、课程教学、课程评价、组织管理等方面。如，柏晶等立足"互联网＋"时代人才培养需求，以成果导向教育理念(下文称：OBE 理念)和建设性后现代哲学为指导，综合应用解释结构模型法，构建出基于 OBE 理念的在线开放课程资源结构模型①；张清学等结合"互联网＋"的思维方式与中国传统哲学，创新"互联网＋"背景下在线课程开发模式②；谢幼如等基于后现代主义教学理论，以人才培养目标为出发点与落脚点，构建出融合慕课与翻转课堂的 MF 教学模式③；贺斌等创造性地提出了基于私播课的"时间—空间—学习形式"的关系结构，指导私播课在高校教学中的实际应用，是基于慕课的教学流程的创新实践④；安岩等结合社会调研与案例分析，构建了基于互联网技术的多元课程评价模式⑤；袁芳等分析了慕课对现行教学观念、教学管理范式、教学管理制度等方面的挑战，并提出此背景下教学管理创新的路径⑥。但总体而言，现阶段关于用互联网思维

---

① 柏晶、谢幼如、李伟、吴利红：《"互联网＋"时代基于 OBE 理念的在线开放课程资源结构模型研究》，载《中国电化教育》，2017(1)。

② 张清学、孙姚同：《"互联网＋"背景下成人高教在线课程开发的道、法、术、器》，载《中国成人教育》，2015(23)。

③ 谢幼如、倪妙珊、柏晶、张惠颜：《融合翻转课堂与 MOOCs 的高校 MF 教学模式》，载《中国电化教育》，2015(10)。

④ 贺斌、曹阳：《SPOC：基于 MOOC 的教学流程创新》，载《中国电化教育》，2015(3)。

⑤ 安岩、孙立鹏：《基于互联网技术的多元课程评价模式实证研究——以高职院校外语专业为例》，载《绥化学院学报》，2016(5)。

⑥ 袁芳、李铁绳：《基于 MOOCs 的大学教学管理创新研究》，载《电化教育研究》，2017(3)。

创新教学的实践较少，真正成熟的实践模式尚未形成。

作为人才培养的主阵地，学校教育的质量至关重要，学校教育中承载人才培养职能的核心载体就是"课程"。未来的"互联网＋"教育内容将重在探索以课程设计为核心，集成整合各类优质教育教学资源，构建教育资源的网络超市，为社会提供多层次、高品质的公共教育服务。因此，从课程角度切入，探索如何运用互联网思维创新教学实践，扩大教育服务的有效供给，实现每一位学生的全面发展，显得非常重要。

课程是指学习者所应学习的学科总和及其进程与安排。课程是由一系列的结构要素组成，不同的研究者有不同的观点。《教育大辞典》将课程模式理解为课程类型。任何一种课程模式，都会受到教育思想和教学规律的影响与支配。

泰勒在 1949 年出版的《课程与教学的基本原理》一书中提出了著名的"泰勒原理"。他提出了以下四个基本问题。第一，学校应该追求什么样的教育目标？第二，提供什么样的教育经验才能实现这些目标？第三，如何有效地组织这些教育经验？第四，怎样确定这些目标正在得以实现？每一个问题都在充分研究的基础上提出了具有指导性的原则、步骤、要求和程序，形成了一个完整的、系统的、可操作的模式。

施良方认为完成一项课程计划的整个过程，包括确定课程目标、选择和组织课程内容、实施课程和评价课程等。

以上这些均体现出课程的四要素，即课程目标、课程内容、课程实施和课程评价。

现在的互联网已不再是一种单纯的技术手段，更代表着一种全新的思维方式。它既可作为提供云、网、端一体的数字化基础设施，实时协同的通信网络、数据和信息资源、虚实融合的生成空间等，也可作为创新课程体系和教育教学的要素，为重构课程模式提供强有力的支持。

以往互联网被视为一种辅助教学的媒介、终端或平台，但并未对整个课程系统产生重大改变。现在它扮演的角色愈发重要，不断为整个系统带来新的变化，当所有变化汇聚在一起，达到特定节点就可以实现量化的发展到质性的飞跃，进而从根本上颠覆原有系统的流程和规则。

因此，基于互联网思维的课程模式应包括课程目标、课程内容、课程实施、课程评价和互联网五个要素。互联网作为课程模式的要素之一，丰富了传统课程要素，并对各要素产生了影响，重构了原有的课程模式。基于此，我们提出"互联网＋"课程模式，如图 1-2 所示。

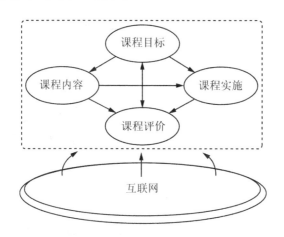

图 1-2 "互联网＋"课程模式

1. 课程目标是整个课程编制的逻辑起点

课程目标规定了课程内容的选择和组织，为课程实施提供基本依据，是课程评价的主要准则。另外，课程目标要以"互联网＋"时代人才培养需求和目标为依据，并体现学科特点。

2. 课程内容是课程的核心要素

课程内容是以课程目标为直接依据选定的，其设置合理性程度也制约着课程目标。课程内容是课程实施的关键，它影响着课程实施过程中的教与学活动方式。课程实施过程中教学方法、组织形式的选择等，都必须考虑课程内容的性质及要求。课程内容也是课程评价的依据，它规定了评价的基本范围和目标达成度。另外，课程内容需结合"互联网＋"时代教学对象的特点，进行重新组织、设计、开发。

3. 课程实施是一个动态、序列化的实践过程，是取得课程效果的不可缺少的环节

课程实施是联结课程目标与课程评价的纽带。课程实施需要以明确的课程目标为依据，也需要考虑课程内容的实用性、复杂性以及是否符合实际对象的

需要等。课程实施伴随着过程性评价，实施结果与效果也是课程评价的对象。另外，课程实施需结合互联网提供的平台、工具和资源开展教与学活动、动态调整课程资源与服务等。

4. 课程评价是对课程整个过程和产物的监控和评价

课程评价用于检查课程实施效果、目标达成情况等，为调整课程目标提供依据，同时也为进一步的课程实施提供改进建议。课程评价也需以课程内容作为评价范围。另外，可利用平台自动跟踪记录学习者日常学习路径，收集行为过程数据，精准评价课程学习情况，为课程改进提供有效的指导。

5. 互联网是整个课程的创新要素

互联网发挥自身的功能特色，课程融合用户思维，顺应"互联网＋"时代和学习者的学习需求，关注不同层次学习者的期望，为重构课程目标提供清晰思路；融合跨界思维，帮助寻找专业与人文、理性与感性、传统与创新的交叉点，为重塑课程内容提供明确的方向；融合平台思维，提供先进的基础设施（包括平台、云端、客户端等），为课程实施提供便捷的条件；融合数据思维，聚集各种数据与信息，为课程评价提供可靠的依据；融合体验思维，联结各种社会网络关系，形成虚实融合的育人空间，实现整个课程的互动调适和动态生成。

三、 "互联网＋"教学模式

当今，互联网已从纯粹的技术手段走向深层次的思维变革，基于互联网的教学模式也拥有了新的内涵与特征。因此，我们应重新思考教学，利用互联网思维积极探索新型教学模式，如个性化学习、翻转课堂、混合式学习、自组织学习等模式。

教学模式是指在一定的教育思想、教学理论和学习理论指导下，在一定的教学环境和资源的支持下，教与学活动中各要素之间的稳定关系和活动进程的结构形式。

互联网去中心化特征，降低了信息的不对称，成为思维变革的手段和工具，促使教学路径由封闭走向开放，教学形态由线下走向线上，最终导致"互联网＋"教学模式凸显学习泛在化、社会化和个性化。基于互联网思维的教学模式应体现如下特征。

第一，将互联网作为基础设施和创新要素纳入教学体系。互联网不仅作为教学的基础设施与保障，更是作为创新要素纳入教学各环节当中，重新组合优化，实现教学创新。

第二，强调以学生为中心的教学理念。互联网思维的教学应将学生的特征、能力、需求等作为教学活动的出发点与落脚点。

第三，利用信息技术促进教学流程再造。针对传统不合理的教学流程，利用互联网进行重组和再造。

第四，基于大数据的学习分析与评价。通过对学习者的日常学习行为数据进行深度挖掘和综合分析，进行科学、精准、个性化的分析评价。

第五，实现学生全面而有个性的发展。互联网思维的教学尊重学生个性差异，追求学生知识、素养、品德等全方位的发展。

拓展资源 1-1：《用互联网思维创新教学实践研究：课程视角》论文

扫一扫，即可阅读《用互联网思维创新教学实践研究：课程视角》论文全文，深入体会"互联网＋"时代的教育变革路向与突破口。

第二节　走向智慧时代的课堂变革

新时代的教育需求与当前教育生态存在的断层和错位，迫切呼唤课堂变革与创新。随着国家教育信息化的推进，走向智慧时代的课堂变革将逐步成为具有中国特色的教育信息化新路向。

一、　新时代呼唤课堂革命

党的十九大的胜利召开宣告中国特色社会主义进入新时代。百年大计，教育为本，习近平总书记在十九大报告中指出，建设教育强国是中华民族伟大复兴的基础工程，必须把教育事业放在优先位置。教育改革只有进入到课堂层面，才真正进入了深水区；只有抓住课堂这个核心地带，教育才能真正发展。然而现有的课堂教学无法有效促进学生全面发展，无法提升教师专业素质与职业幸福感，这迫切需要变革课堂，而不是象征性的小修小补。以教育信息化全面推动教育现代化是新时代的呼唤，云计算、大数据、物联网、虚拟现实和人工智能等新技术的广泛应用推动现代教育从工业社会的1.0迈向信息社会的2.0，但仰望星空还需脚踏实地，我们也要清楚地看到新时代教育需求和现有教育生态间存在严重断层与错位。智慧教育是教育信息化发展的趋势与愿景，实现智慧教育就应实现智慧课堂，重构课堂教学价值观，创新应用信息技术平衡学习需求与教育供给，重塑现有课堂教学生态，以培养智慧人才。

二、 重构课堂教学价值观

(一)课堂教学的战略地位与存在问题

课堂教学肩负着教书育人与实践研究的双重使命。一方面，课堂是学生学习的主场所，是育人的主渠道，是教育的主战场；另一方面，课堂是教学实践的"试金石"，也是教育研究的"试验田"，没有课堂变革为依托，所有的教育教学改革都会成为空中楼阁。课堂教学具有举足轻重的战略地位，从一定程度上说，课堂教学革命促使人才培养革命，社会人才需求倒逼课堂教学革命。当下传统课堂无法促进学生全面发展，无法促进教师专业成长与职业幸福提升，无法共同提高学生的素质与应试水平，社会人才需求与人才供给的断层亟待填补，这就需要从教育供给侧入手重构课堂教学价值观，从课堂教学变革入手重塑课堂生态。

(二)回归课堂教学本质

课堂教学是学生学校生活的重要组成部分，也是教师职业生活的基本构成。它的质量既直接影响学生现在及以后的全面发展与成长，又对提升教师专业素质和职业幸福感有重要作用。教学本质是人类对教学现象背后使得教学之为教学而非他物的实体、关系、过程以及活动的追问，课堂是学生学习的主场所，也是开展教学活动的主要基地。换而言之，课堂教学是教学本质的集中体现。面对错综复杂和风云变幻的当今世界，若仍将课堂教学本质概括为"特殊的认识活动"而不从整体和生命的视角看待，恐怕难以培养出符合社会发展需求的人才。教育是一种对"人"的活动，而生命是人赖以生存的基础；课堂教学是师生人生中一段重要的生命经历，是他们生命的有意义的构成部分①。可以看出，课堂教学的本质是一种奠基生命的师生特殊交往活动过程，师生之间不仅存在教与学的交往活动，更多的是生命的涌动与成长，也只有这样，课堂教学才能够满足学生的多方面发展，才能够给予教师成就感与幸福感。

（三）重构课堂教学价值观

教育活动不可能回避价值问题。一直以来，课堂教学价值观体现在教师对教学目标的预设及课堂教学行为中，然而目前大多数教师仅能勉强执行自己的教案，"教书"尚未做好，"育人"就更无从谈起。重构课堂教学价值观，需要重新认识教学在育人中的价值，以及为培养怎样的人服务的问题②。传统课堂教学价值观脱胎于机械论范式，将自然、人和社会的有机性无情肢解，将课堂看作一个孤立、封闭和机械运转的实体，更没有把课堂作为教育者和受教育者生命中重要的组成部分看待，课堂如死水一般无生命活力③。新时代下，我们应用生命的高度，用生态哲学的观点，用动态生成的视角看待课堂教学，将学生看作有生命活力、思想情感和兴趣爱好的生命个体，创造条件让学生自主发展与成长，重视学生的生命存在感，丰富学生的生活体验，促进学生生命整体发展。

以人为本、关注学生心灵的教育是中国特色现代化教育的特征之一，要实现"育人"的价值，就需要以需求为导向的"教书"；要实现重构课堂价值观，就需要依托信息技术变革课堂教学。教学是一个动态的过程，涉及多个要素，依托信息技术重构教学要素之间原有不变的关系，提升教学目标，丰富教学内容，再造教学流程，多元智能评价，从而实现信息时代的教育变革，填补人才需求与教育供给间的错位；落实在课堂教学中，就应以信息技术变革课堂空间，重组课堂组织与活动，再造课堂结构与模式，重塑课堂生态。

---

① 叶澜：《让课堂焕发出生命活力——论中小学教学改革的深化》，载《教育研究》，1997(9)。
② 叶澜：《重建课堂教学价值观》，载《教育研究》，2002(5)。
③ 岳伟、刘贵华：《走向生态课堂——论课堂的整体性变革》，载《教育研究》，2014(8)。

三、 智慧环境助力课堂变革

(一)以构建智慧课堂为抓手助力课堂变革

构建智慧课堂是实现智慧教育的必由之路，也是智慧教育落地的重要表现，同时也是实现课堂变革的抓手。信息技术的迅猛发展和日新月异的社会变化为人才需求提出更高的要求，培养具有高智能和创造力的智慧人才逐步成为智慧课堂的出发点和落脚点。目前关于智慧课堂的研究主要包括内涵探讨、技术环境支持及资源开发、教学模式构建及应用等几方面。祝智庭等认为智慧课堂是借助信息技术力量下的智慧学习时空环境，旨在促进学习者的智慧全面、协调和可持续发展[①]；庞敬文等认为智慧课堂是基于新技术环境下，以培养学生智慧能力为目标并不断变革原有教学模式的轻松、愉快、个性化、数字化的新型课堂[②]；Hwang G 等认为智慧课堂是配备了无线通信，个人数字设备，传感器以及虚拟学习平台的高技术含量教室。习海旭等基于云计算技术，构建了学习环境数据和资源共通共享的智慧学习环境整体架构[③]；谢幼如等依托智慧学习环境构建小学语文阅读课生成性教学路径并提出应用策略[④]。可以看出，有关于智慧课堂的研究虽然已经全面铺开，但大多关注的是智慧课堂环境的构建优化及其配套资源的设计与开发，而以课堂变革为切入点，依托智慧环境再造课堂教学流程，实现培养智慧人才还需进深入探索。

课堂的含义包括三个层次：一是将课堂理解为教室，二是将课堂理解为学校的课堂教学活动，三是将课堂理解为课程与教学活动的综合体。智慧课堂是对教与学环境、教学内容与活动、教学流程与策略等方面的智慧化，是由外及内，全面深入的智慧化。纵观现有的研究发现，目前对于智慧课堂的内涵探讨

---

① 祝智庭、贺斌：《智慧教育：教育信息化的新境界》，载《电化教育研究》，2012 (12)。

② 庞敬文、王梦雪、唐烨伟等：《电子书包环境下小学英语智慧课堂构建及案例研究》，载《中国电化教育》，2015(9)。

③ 习海旭、廖宏建、黄纯国：《智慧学习环境的架构设计与实施策略》，载《电化教育研究》，2017(4)。

④ 谢幼如、吴利红、黎慧娟等：《智慧学习环境下小学语文阅读课生成性教学路径的探究》，载《中国电化教育》，2016(6)。

还较为宽泛，但学者们已在应用智慧环境培养智慧人才这个落脚点上达成共识。本团队通过多年的理论研究与实践探索，认为智慧课堂是以培养具有高智能和创造力的人才为目标，依赖于大数据、学习分析等技术，实施学情诊断分析和资源智能推送，开展"云＋端"学习活动与支持服务，进行学习过程记录与多元智能评价的新型课堂。可以看出，智慧课堂面向新时代人才需求，以培养具有高智能和创造力的人才为导向，利用信息技术再造传统课堂教学流程，实现个性化与智慧化的教与学，从而推动课堂教学变革。

智慧课堂是智慧学习环境的集中体现，智慧学习环境又能够组合形成众多智慧课堂。利用传感器、可穿戴设备和人工智能等技术实现环境智能感知，为学习空间的构建与无缝切换提供敏捷支持；利用大数据、学习分析和情感计算等技术实现智慧学情分析，为课堂组织与活动的个性精准实施提供数据支持。注意是信息加工过程中普遍存在的心理机制，结合眼动分析与大数据，可以实现智能资源推送，为学习者个性学习提供适应性支架，从而实现自适应学习。通过对学习者的数据进行挖掘，还原学习者的学习进程，预测学习者的学习路向，利用学习仪表盘可视化地展示学习者的真实学情，实现多元智能的学习干预与评价。以培养智慧人才为目标导向的课堂教学离不开智慧技术的支持，作为智慧学习环境缩影的智慧课堂能够充分利用信息技术创新教学理念、重塑师生角色、再造教学流程、重构课程结构，从而实现智慧技术与课堂教学的融合创新发展，突出教学的个性化，落实学生的主体地位，达成学生的高阶目标，缩小学科之间的鸿沟，促进学生全面发展。

(二)智慧环境助力课堂变革的路向与表征

新时代社会对人才提出了更高的要求，不断呼唤变革传统课堂。智慧课堂具备的智慧环境感知、智慧学情分析、智慧资源推送、智慧学习评价等功能为变革传统课堂注入了新鲜的血液，同时也明晰了课堂教学结构性改革的路向和表征。如图1-3所示，学习环境的智慧化促使课堂空间智慧化，课堂空间的智慧化助力重构课堂组织与活动，从而重构课堂结构与模式，重塑课堂生态。

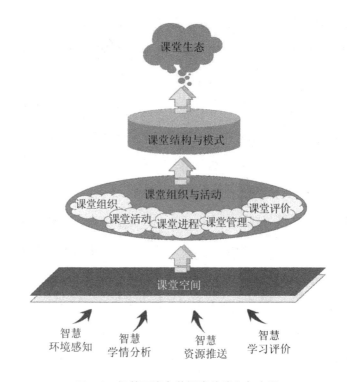

图1-3 智慧环境变革课堂的路向与表征

课堂空间的虚实融合，课堂组织活动的数据驱动，课堂结构与模式多元化、有特色是智慧学习环境变革原有课堂的具体表征。首先，应用信息技术实现物理空间和虚拟空间的融合，使原有课堂空间无限拓展，学习资源的有效应用能够帮助学习者构建更加真实的学习情境，提升学习者的任务实践与问题解决能力。其次，教育大数据能够从供给侧优化原有课堂组织、活动、进程、管理和评价，实现数据驱动下基于学习者需求的教学，帮助每个学习者能够个性化提升。最后，课程结构与模式不再是原有人为划分和设置的"教学大纲"，多元化、有特色的课程结构与模式不断涌现，真正实现课堂结构性改革。

(三)智慧环境助力课堂变革的模型与逻辑

智慧学习环境中的学习体验主要是由信息技术、学习空间、教学法三类刺激物交互协同产生的[①]。当学生和教师成为教学活动的主人时，智慧环境促进课堂变革的关系就愈渐明晰，智慧课堂变革既是利用信息技术变革原有的课堂结构，更是对学习体验有结构、有步骤的变革。基于此，本研究提出了智慧环境促进课堂变革的模型，如图1-4所示。

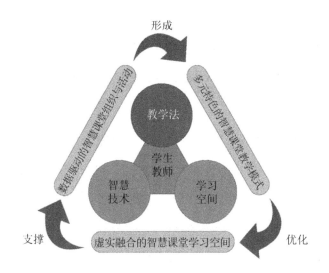

图 1-4　智慧环境变革课堂的路向与表征

1. 应用智慧技术打造虚实融合的课堂空间

学习空间是指用于学习的场所，不仅包含物理空间和虚拟空间的交互，同时也包括学习科学和主流学习理论的映射。[②] 学习空间不再是一个固定的概念，而是逐步转变为支持学习者泛在学习的要素集合。智慧技术的应用能够不断增强学习空间的交互性，拓展原有学习空间的广度，加深其深度，形成形态各异、资源丰富、工具实用、活动多样和评价多元的模块化课堂学习空间，提升学习者的学习效果与体验。由此可见，学习空间的虚实融合为实现课堂变革提供了环境支撑。

2. 应用智慧技术实现数据驱动的课堂组织与课堂活动

在课堂教学中，师生围绕共同的学习目标结成教学交往关系，从而形成教

---

① 《2016中国智慧学习环境白皮书》，北京师范大学智慧学习研究院，2017。

② 许亚锋、尹晗、张际平：《学习空间：概念内涵、研究现状与实践进展》，载《现代远程教育研究》，2015(3)。

学组织，有效应用教学法使课堂组织与活动有序进行，实现课堂教学的弹性预设。应用智能推送为课堂教学提供个性资源与工具，从而实现个性化学习与分层教学；应用大数据为课堂教学提供精准学情分析，从而实现量化自我与个性学习路径指引；应用人工智能为不同学生提供个性学习支持，从而实现动态生成的自适应学习。智慧技术的应用重构了原有教学组织的演变过程，为集体教学形式下开展个别化教学提供了技术支持，实现了教学组织的混合化，为课堂教学注入了新的活力，也为实现课堂变革提供了内生动力。

3. 应用智慧技术变革传统的课堂结构

教学结构是教学系统中教师、学生、教学内容、教学媒体四要素相互联系、相互作用的具体表征，而智慧环境的应用突出了学生和教师的主体地位，同时将学习空间、智慧技术和教学法作为创新要素。可以看出，应用智慧环境优化、重组和再造原有课堂教学结构是实现课堂变革的紧前工作。

4. 融合教学法与学习空间形成多元特色的课堂模式

如何教学在一定意义上决定着教学的效果和成绩。与教学方法不同，教学模式更加侧重对整个教学过程如何教的研究，既有实践方面的功能，也有理论方面的功能。教学模式为课堂变革设计了整体流程，同时也提供了操作步骤，以此来看，如果说课堂组织与活动的智慧化是实现课堂变革的内生动力，那么智慧课堂教学模式就是实现课堂变革的方向指引和实践指导。在不同的学习空间中应用不同的教学法，从而达成不同的教学目标，形成多元特色的教学模式，促进教学科目"全覆盖"，实现学生的素质和应试水平共同提高。

5. 应用智慧技术促进课堂生态健康发展

任何一个生态系统，都具有一种维持和恢复自身结构和功能相对稳定的能力。课堂生态也应具有弹性的自我调节能力，结构是其自我调节能力的载体。新时代下，课堂教学变革的落脚点不仅在于有计划的变革，更重要的是充分利用智慧技术重构原有课堂生态。智慧技术与不同的教学法相互融合，实现数据驱动的智慧课堂组织与活动，用数据驱动课堂组织与活动流程的结构化再造；针对不同教学内容使用不同的教学法，融合不同的学习空间，打造多元特色的智慧课堂教学模式，为课堂教学变革提供精准路径。不同的课堂学习空间支撑不同的课堂组织与活动，不同的课堂组织与活动形成多种课堂教学模式，而在应用不同教学模式过程中遇到的问题又能促使对学习空间的不断优化。

智慧课堂的出现绝非偶然，智慧环境促进课堂变革也非朝夕之事。结合智慧环境变革课堂的路向表征和智慧环境促进课堂变革的模型，本研究团队梳理出了智慧环境助力课堂变革的逻辑，如图 1-5 所示。

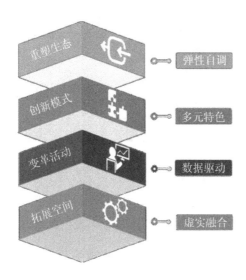

图 1-5　智慧环境助力课堂变革的逻辑

从图 1-5 中可以看出，智慧环境助力课堂变革的逻辑较为清晰。融合智慧信息技术拓展课堂教学空间，形成虚实融合的智慧课堂学习空间，为课堂变革提供环境支撑；融合智慧信息技术变革课堂组织与活动，实施数据驱动的课堂组织与活动，为课堂变革提供内生动力；融合信息技术创新课堂教学结构，形成多元特色的智慧课堂教学模式，实现学生的素质和应试水平共同提高，为课堂变革提供外部推力；学习空间、组织与活动、教学模式三位一体循环推进，重塑课堂生态，实现课堂变革，持续助力课堂生态健康发展。

拓展资源 1-2：《走向智慧时代的课堂变革》论文

扫一扫，即可阅读《走向智慧时代的课堂变革》论文全文，深入体会智慧时代的课堂变革的路向、表征、模型和逻辑。

拓展资源 1-3：《智慧课堂教学》慕课学习地址

扫一扫，即可加入《智慧课堂教学》慕课课程。您也可以登录 https://www.icourse163.org/course/icourse－1001978001 加入本课程进行学习。

拓展资源 1-4：《智慧课堂教学》慕课内容简介短片

扫一扫，即可观看《智慧课堂教学》慕课的内容简介短片。

【本章小结】

本章主要介绍了"互联网＋"时代的教育变革，明晰了"互联网＋"教育发展的路向、"互联网＋"课程模式和"互联网＋"教学模式，依托智慧课堂重构课堂教学价值观，梳理了智慧环境助力课堂变革的路向与表征。要点如下：

1. "互联网＋"教育发展路向

"互联网＋"时代教育教学的变革路径总体上是由封闭走向开放。技术对教育教学的支撑作用从原来的简单辅助教学走向重构教学流程和变革教学结构。教学形态也从传统教学走向翻转课堂和基于慕课、私播课的在线教学。教育教学变革路径从传统的封闭课堂教学走向半封闭半开放的翻转课堂和完全开放的自组织在线教学。

2. 新时代的课堂教学价值观

新时代我们应用生命的高度，用生态哲学的观点，用动态生成的视角看待课堂教学，将学生看作有生命活力、思想情感和兴趣爱好的生命个体，创造条件让学生自主发展与成长，重视学生的生命存在感，丰富学生的生活体验，促进学生生命整体的发展。

3. 智慧环境助力课堂变革的路向与表征

智慧环境助力课堂变革的路向与表征为：①拓展课堂空间。②变革课堂组织与活动。③重构课堂结构与模式。④重塑课堂生态。

第二章

走进智慧课堂

内容结构

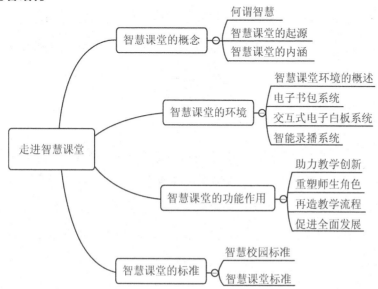

随着信息技术的不断发展，互联网融入课堂教学已成为我国教育信息化发展的新特点、新方向、新常态。与此同时，越来越多打着"智慧""智能"等旗号的教育信息化产品让学生、教师、家长应接不暇，不知所措。虽然，智慧课堂需要用到信息技术，但不是所有用到信息技术的课堂都是智慧课堂。融合立德树人、重构课程结构、再造教学流程、转变学习方式、重塑师生角色和加强家校互动将成为今后一段时间打造智慧课堂的切入点和落脚点。融合人机智慧，合力重构课堂教学，深化技术应用，协同再造教育生态，这将成为智慧课堂的理念导向和实践基石。

第一节　智慧课堂的概念

一、 何谓智慧

《现代汉语词典(第7版)》将"智慧"解释为"辨析判断、发明创造的能力"。从单个字来看，智代表聪明与见识，而慧代表聪明和才智。"智""慧"二字的共同点在于聪明，这里的聪明不是指眼界狭隘、胸怀不广的小聪明，而是指智圆行方、厚积薄发的大智慧。

智慧是由智力体系、知识体系、方法与技能体系、非智力体系、观念与思想体系、审美与评价体系等多个子系统构成的复杂系统，包括遗传智慧与获得智慧、生理机能与心理机能、直观与思维、意向与认识、情感与理性、道德与美感、智力与非智力、显意识与潜意识、已具有的智慧与智慧潜能等众多要素。简单来说，智慧是生物所具有的基于神经器官（物质基础）的一种高级的综合能力，它可以让人深刻地理解事物，拥有思考、分析、探求真理的能力。

二、 智慧课堂的起源

我国著名科学家钱学森在 1997 年提出了大成智慧学理论。大成智慧学是引导人们如何尽快获得聪明才智与创新能力的学问，其目的在于使人们面对浩瀚的宇宙和神秘的微观世界，面对新世纪各种飞速发展、变幻莫测而又错综复杂的事物时，能够迅速做出科学、准确而又灵活、明智的判断与决策，并能不断有所发现、有所创新。以"必集大成，方得智慧"为核心的大成智慧学不仅为智慧教育的出现提供哲学基础，同时也不断推动智慧教育的发展。

如果说东方的"大成智慧学"为智慧教育的出现和发展提供了哲学基础，那么西方的"数字地球"和"智慧地球"则为抽象智慧实体化提供了强有力的推动力。1998 年 1 月，美国副总统艾伯特·戈尔在加利福尼亚科学中心开幕典礼上提出数字地球的设想。他将数字地球看成是"对地球的三维多分辨率表示，它能够放入大量的地理数据"。也就是说，戈尔构想的数字地球学是关于整个地球、全方位的地理信息系统（GIS）与虚拟现实技术、网络技术相结合的产物。显然，面对如此一个浩大的工程，任何一个政府组织、企业或学术机构，都是无法独立完成的，它需要成千上万的个人、公司、研究机构和政府组织的共同努力。数字地球要解决的技术问题，包括计算机科学、海量数据存储、卫星遥感技术、宽带网络、互操作性、元数据等。可以预见，随着地球空间信息学的发展，所建立起的数字地球必将促进测绘事业的现代化，为测绘事业与整个国民经济建立更加紧密的联系，作出更大的贡献，在未来和知识经济社会中产生巨大的经济效益和社会效益。

机会从来都是留给做好准备的人，IBM 在 2008 年 11 月初在纽约召开的外国关系理事会上，发表题为《智慧地球：下一代领导人议程》的演讲报告，正式提出"智慧地球"的概念。"智慧地球"实际上就是要把新一代的 IT 技术充分运用到各行各业之中，包括智慧医疗、智慧电力、智慧交通、智慧银行、智慧零售、智慧食品在内的一系列智慧概念，从那时候开始，无论是 IT 业界的"圈里人"，还是每天忙碌生活在城市中的普通市民，都不断受益于 IBM 智慧地球理念，并随着智慧城市的发展而悄悄的"被改变"着。时任 IBM 大中华区首席执行总裁的钱大群表示，IBM 所倡导的智慧地球是互联网与物联网相结合的产物，也就是说把感应器嵌入和装备到全球各个角落的电网、铁路、桥梁、公路和隧道等各种物体中，并且将它们普遍连接，形成所谓"物联网"，再通过"互联网"将"物联网"整合起来，形成"互联网＋物联网＝智慧的地球"。

在"智慧"无处不在的背景下，智慧教育破茧而出。IBM 全球教育产业副总裁 Michael. D. King 表示，IBM 智慧地球的三大属性其实在智慧教育中也有体现。比如教育连续统一体中一个关键点就是以学生为核心，就是说学生可以根据自己的不同情况设定不同的学习路径，不仅可以选择学校内的课程，甚至可以在不同学校之间进行调换；而评价学生的指标也不再是学生在各科学习了多少课时，而是相应地改变为学生是否具有一定的能力和资格。在这个以学生为中心的整个过程中，IBM 智慧地球的三大属性都得到了体现：学生在课堂的表现可以通过感知度量的方式获取，教师可以通过学生的不同表现确定是需要额外辅导学生，还是要直接进行下一步的教学。这个过程既是可感知度量的，又是智能的。而且学校之间也实现了互联互通，每个学校可以设定智能的学习路径或者一套智能的教育体系，直接通过数据分析形式实现。所以，我们就可以让学生在不同的学校之间、不同课程之间实现无缝移动。与此同时，应制定开放的标准，采用开放的系统，重视云计算在其中的作用，从技术层面使大规模共享资源成为可能。

IBM 倡导的智慧教育即智慧地球在教育领域的应用，也就是将智慧地球的理念、技术和方法等方面应用于教育领域，教育是一种对人类认识和改造客观世界及自身的积极影响。教育是目的，教学是手段，教学尤其是课堂教学是为教育服务。而为了实现这样的目的，就需要实施与之相匹配的课堂教学。德国教育家赫尔巴特提出"教育性教学"一词，即"教学如果没有进行道德的教育，只是一种没有目的的手段；道德教育如果没有教学，则是一种失去了手段的目的"，这句话深刻地揭示了教育与教学的关系：教学的目的是教育，教育的手段是教学。所以课堂教学是学校实现教育目的、完成教育任务的基本途径，智慧教育应落脚在课堂教学上，应将智慧教育的理念、技术和方法等方面应用于课堂教学中，从而实现手段和目的的双重智慧。

综合上述分析，一方面，我们可以发现智慧课堂源自智慧教育，是将智慧教育的理念、技术和方法等方面应用于课堂教学领域；另一方面，智慧教育也离不开智慧课堂，智慧课堂是智慧教育的核心，是智慧教育环境的集中体现，同时也是智慧教育的切入点与典型范例。

三、 智慧课堂的内涵

智慧课堂源自智慧教育，无论智慧教育还是传统教育，其目的都在于将受教育者培养成一定社会和阶级所需要的人。这就奠定了智慧课堂的出发点——以培养人为目的。课堂作为学生学习的主要场所和育人的主要渠道，其重要程度不言而喻。信息技术的迅速发展推动着时代的变革，社会对人才的需求也产生了翻天覆地的变化，如何能够培养符合这个时代需要的人才对课堂教学提出了新的要求，智慧课堂呼之欲出。按照课程与教学论的观点，课堂的含义包括三个递进的层次：一是将课堂理解为教室，二是将课堂理解为学校的课堂教学活动，三是将课堂理解为课程与教学活动的综合体，这也充分说明了智慧课堂是对教与学环境、教学活动与流程、教学内容与策略等方面的智慧化，是由内及外、全面深入的智慧化。

近年来，智慧课堂逐步成为教育信息化领域研究者关注的热点话题，不同研究者对智慧课堂的理解不尽相同，研究视角不断丰富，现阶段相关学者对智慧课堂的理解主要有以下几个方面。

"智慧课堂是善于导入、走向生活、注重体验的课堂；是提出问题、积极参与、解决问题的课堂；是激发情趣、开放合作、积极探究的课堂；是处理好过程与结果、直观与抽象、情景性与知识系统性关系的课堂；是教师最大限度地发挥教学机智的课堂。"①

"智慧课堂是采用智能形态的技术构建富有智慧的课堂教学环境以满足学习者个性化学习需求的课堂。"(IBM，2008)

"未来课堂(Future Classroom/Classroom of the Future)是相对于传统和现代课堂而言的，在相关的理论和技术支持下，以充分发挥课堂组成各要素(人、技术、资源、环境和方法等)的作用，实施教与学，以促进人的认知、技能和情感的学习与发展的教与学的活动及环境。"②

"智慧学习环境是一种能感知学习情景、识别学习者特征、提供合适的学习资源与便利的互动工具、自动记录学习过程和评测学习成果，以促进学习者有效学习的学习场所或活动空间。智慧学习环境是普通数字化学习环境的高端形态，是教育技术发展的必然结果。"③

"智慧课堂是在信息技术的支持下，通过变革教学方式方法、将技术融入课堂教学中，构建个性化、智能化、数字化的课堂学习环境，从而有效促进智慧能力培养的新型课堂。"④

"所谓'智慧课堂'，是以建构主义学习理论为依据，利用大数据、云计算、物联网等新一代信息技术打造的智能、高效的课堂。其目的是基于动态学习数据分析和'云＋端'的运用，实现教学决策数据化、评价反馈即时化、交流互动立体化、资源推送智能化，全面变革课堂教学的形式和内容，构建大数据时代的信息化课堂教学模式。智慧课堂的提出与发展既是信息技术在教学领域应用的产物，同时也是课堂教学不断变革的结果。"⑤

"智慧课堂是以崭新的智慧教育理念为指导，积极借鉴翻转课堂应用实践的

---

① 马克斯·范梅南：《教学机智——教育智慧的意蕴》，北京，教育科学出版社，2001。

② 陈卫东、张际平：《未来课堂的定位与特性研究》，载《电化教育研究》，2010(7)。

③ 黄荣怀、杨俊锋、胡永斌：《从数字学习环境到智慧学习环境——学习环境的变革与趋势》，载《开放教育研究》，2012，18(1)。

④ 詹烨伟、庞敬文、钟绍春等：《信息技术环境下智慧课堂构建方法及案例研究》，载《中国电化教育》，2014(11)。

⑤ 孙曙辉、刘邦奇：《基于动态学习数据分析的智慧课堂模式》，载《中国教育信息化》，2015(22)。

成功经验，对翻转课堂进行重塑和升级，为当前阶段技术支持下的智慧教育提供典型范例。"①

"智慧课堂是技术与教学双向深度融合基础上的教学流程再造与智慧生成，是一个真正为教师与学生提供无限参与和自我价值提升的发展空间。"②

综合上述观点，我们可以看出，无论是研究者还是技术企业，他们对智慧课堂内涵的探索在不断地深入。从教学系统智慧化的第一阶段，到信息技术支持下基于智慧环境的第二阶段，再到技术与教学双向深度融合基础上的教学流程再造与智慧生成的第三阶段，智慧课堂的目的不断明晰，智慧课堂的内涵不断丰富，智慧课堂的应用不断深入，推动着现有课堂教学不断深化应用信息技术，不断融合创新教学模式。

通过分析不同研究者对智慧课堂的观点，本书认为，智慧课堂是以培养具有高智能和创造力的人才为目标，依赖于人工智能、大数据、学习分析等技术，实施学情诊断分析和资源智能推送，开展"云＋端"学习活动与支持服务，进行学习过程记录与多元智能评价的新型课堂③。其内涵如图 2-1 所示。

可以看出，智慧课堂面向时代人才需求，以培养具有高智能和创造力的人才为导向，利用信息技术再造传统课堂教学流程，从而实现个性化与智慧化的教与学。

既然智慧课堂是一种新型的课堂，那么它究竟"新"在哪里呢？

第一，目标新：智慧课堂是以培养具有高智能和创造力的人才为目标。

智慧课堂中，除了注重学生对客观知识的识记、技能的掌握之外，更注重学生高阶思维能力的培养，如 21 世纪技能中的学习和创新的技能(4C)，包括批判性思维与问题解决能力、创造性与自主学习能力、沟通能力与合作精神、跨文化理解与全球意识。

---

① 祝智庭：《智慧教育新发展：从翻转课堂到智慧课堂及智慧学习空间》，载《开放教育研究》，2016(1)。

② 刘军：《智慧课堂："互联网＋"时代未来学校课堂发展新路向》，载《中国电化教育》，2017(7)；http://kns.cnki.net/kcms/detail/11.3792.20170705.1510.006.html.

③ 谢幼如、邱艺、李世杰等：《走向智慧时代的课堂变革》，载《电化教育研究》，2018(7)。

图 2-1 智慧课堂的内涵

批判性思维与问题解决能力能够有效思考、辨明价值和作出明智的判断，并能综合运用传统和非传统的手段解决不同类型的问题。

创造性与自主学习能力能够贡献新颖、有价值的观点和思想，采取创造性的行动，并具备终身学习的意愿和能力。

沟通能力与合作精神能够有效地表达观点、倾听他人，并在各种团队环境中与他人有效协作。

跨文化理解与全球意识理解和尊重文化差异，能够对全球性事务进行思考和判断，成为通晓国际规则、能够参与全球竞争的国际化人才。

第二，流程新：智慧课堂深入应用信息技术，再造课堂教学流程。

如果将教学流程看作一段旅程，学生自己驾驶汽车向终点进发。智慧课堂可以让教师在学生出发前根据每个车上的传感器收集车的性能数据和学生的驾驶习惯，为每辆车推送不同的行驶方案。每辆车都可以到达终点，但行驶的路径却截然不同。应用大数据、学习分析等新兴智能技术可以帮助教师了解每个学生的学习情况，从而精准智能推送相应的学习资源，为每个学生私人定制学习方案，再造课堂教学流程，实现个性化教学。

第三，评价新：智慧课堂可记录学习全程，从而实现多元智能评价。

智慧课堂能够智能记录学生在学习过程中的行为数据，将过程性评价与终结性评价相结合，使评价主体多元，评价内容多维，评价方式多样，全面反映学生的学习情况。

第二节 智慧课堂的环境

一、 智慧课堂环境的概述

对于课堂环境，国内外研究者的切入点和角度不尽相同。我国研究者几乎没有直接对课堂环境这一概念进行分析，而更多关注的是教学环境。狭义上讲，教学环境主要指学校教学活动的主要场所、各种教学设施、校风班风和师生关系等，也就是由看得见的物质环境和看不见的社会心理环境两部分组成。国外研究者将课堂环境理解为课堂气氛或氛围、课堂心理环境或学习环境等，他们并不注重这一概念的明确定义，而是把研究注意力放在对它的结构分析和测量上。一般来说，课堂环境是指面向教师教学与学生学习的主要物理环境，是教学活动开展的具体场所，也是课堂教学的主要阵地，而智慧课堂环境则是将学习空间、信息技术、教学法三者相互融合，为学生提供智慧学习体验。我国学者黄荣怀等人[①]认为，智慧学习环境应具备融合物理环境与虚拟环境、提供适应学习者个性特征的学习支持和服务、既支持正式学习也支持非正式学习等特征，具备感知学习情景、识别学习者特征、提供合适的学习资源与便利的互动工具、自动记录学习过程和评测学习成果等功能，从而促进学生有效学习。智慧课堂的目的在于培养具有高智能和创造力的人才，与之相应的智慧课堂环境对实现其目的起到了至关重要的作用。

狭义上来看，所谓智慧课堂环境是指构成智慧课堂相关设备与设施的集合，如图 2-2 所示。

从图中可以看到，智慧课堂环境包括可随意拼组的桌椅、学生平板电脑、交互式电子白板、放音设备、录播摄像头、拾音设备、红外追踪器、无线宽带、

---

① 黄荣怀、杨俊锋、胡永斌：《从数字学习环境到智慧学习环境——学习环境的变革与趋势》，载《开放教育研究》，2012，18(1)。

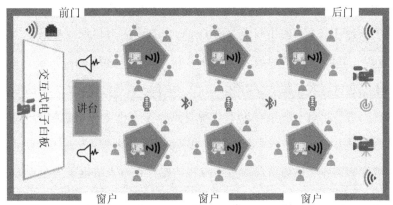

图 2-2　智慧课堂环境示意图

有线宽带、NFC 贴片、蓝牙链接等组成。其中，交互式电子白板系统、无线宽带和学生平板电脑组成了电子书包系统的主要部分；无线宽带、有线宽带和交互式电子白板组成了交互式电子白板系统的主要部分；录播摄像头、拾音设备和红外跟踪设备组成了智能录播系统的主要部分。

　　除此之外，智慧课堂环境应色彩搭配合理，温度湿度适宜。灯光、温度、湿度、气味和空气质量等物理环境因素也是智慧课堂环境的重要组成部分。空调、湿度调节仪和空气净化器等设备虽然不直接参与教学活动，但为有效的开展智慧课堂教学营造了舒适的物理环境，在设置智慧课堂环境时应予以充分考虑。利用传感器和云计算等技术可以自动调节课堂物理环境，从而实现智能感知，动态适应和自动调节，为教学活动的高效开展提供有力保障。

　　工欲善其事，必先利其器。就现阶段来说，想要实现智慧教学，在教学中就应充分利用信息技术的支持作用，为学生打造良好的智慧学习体验。本节将带领大家了解组成现阶段智慧课堂环境信息技术支持维度中常见的三个系统——电子书包系统、交互式电子白板系统和智能录播系统。

二、　电子书包系统

　　书包是陪伴每个学生上下学不可或缺的物品，它承载着学生在校学习所需要的学习工具和学习资源。随着学生课业压力的不断增大，书包也越来越沉，变厚重的纸质课本为数字课本，变实体的书包为虚拟的电子书包成为教育信息化不断探索的发展方向。早在大型电脑时代，艾伦·凯（Allan Kay）的博士论文就描述了一种可以个人使用和学习的 Dynamic Book，可以说他是最早预测电子书包的人①。1999 年，新加坡政府在德明中学试行了首批 163 个电子书包，最早将电子书包付诸实际教学应用②。然而，关于电子书包的概念并未达成共识。

目前国内外对电子书包有以下几种观点：有人将电子书包视为一种终端。他们认为电子书包是一种未来型的教育电子产品（大多体现为轻便型移动终端），整合了数字阅读和上网通信两大主要应用功能；也有人将电子书包视为一种资源。他们认为电子书包是个人数字资源库，可以存储课内课外所需的文本、图形图像、视频、音频及其他的数字化材料；还有人将电子书包视为一种空间。他们认为电子书包是一种以网络、移动设备为基础，以促进学生有意义学习的软件为架构，以动态开放教学资源为灵魂，支持移动学习甚至终身学习的数字化学习空间。全国信息技术标准化技术委员会"电子课本与电子书包"标准专题组对"电子书包"的定义为：电子书包是一种信息化环境的集成体，它整合了电子课本的内容（资源）、电子课本阅读器（设施）、虚拟学具（工具），并连通无缝学习服务（平台）。由此可以看出，电子书包是学习资源、学习工具和学习空间的集合体，是信息技术支持下的融合学习解决方案。

电子书包是一个"教学云平台、教学资源、智能学习终端"一体化的系统，如图 2-3 所示。

电子书包的内层部分是教学云平台，为开展教学活动、实施教学管理和运维学习空间提供支持。应用电子书包教学云平台可以增强教学互动，如应用资源推送、实时投票、拍照上传等功能增加课堂教学互动，帮助学习者突破重点难点。教学管理主要包括学科管理、班级管理、家校管理及个人信息管理等。如应用学科管理可以为升学的学生添加新学科，应用班级管理可以将学生快速分配班级。电子书包中的学习空间是面向学生、教师、家长和学校的交流社区，同时可为每个用户提供个人空间，方便学生和教师之前相互交流、存储、管理、收藏和分享个人或群体学习资源、为家校互动搭建线上平台。同时，电子书包

---

① 陈德怀：《启动学习革命》，台北，远流出版事业有限公司，2002。
② 崔斌箴：《国外电子书包进校园走势强劲》，载《出版参考》，2010(33)。

图 2-3　电子书包系统结构

教学云平台可记录学生学习数据，分析学生学习行为，实时个性化的为学生提供学习预警和学习帮助。教学云平台是电子书包系统的核心，是保障电子书包系统稳定运行的重要组成部分，也是电子书包系统的骨架。

电子书包的中间部分是教学资源。电子书包系统所提供的教学资源是结构良好、分类清晰、使用流畅的教学资源，同时还将学习工具嵌入其中。电子书包系统的教学资源既可以为教师教学提供帮助，也可以直接面向学习者和学校提供学习帮助。教师利用电子书包系统的资源库可以快速找到所需要的资源，从而能够把主要精力放在优化教学流程，提高教学效果上；学生可利用电子书包的资源库解决自己知识的薄弱点，可利用电子教具自主探究、发现规律，从而实现自主探究与个性化学习；学校可在电子书包系统中建立具有自身特色的校本资源，并依托校本资源开设信息技术支持下的校本课程，体现学校特色的同时也能够面向本校和社会提供服务。教学资源是电子书包系统的重要组成部分，是体现学生个性化学习的重要支持，也是电子书包系统的血肉。

电子书包的外围部分是智能学习终端。智能学习终端就好比道路上的不同汽车，不断地将不同呈现形式的资源和活动运送到学习者面前。既然汽车不同，性能也就不同，但汽车都具备载客和流动的功能。无论何种品牌的智能学习终端，只要安装了能够联通学习云平台和资源的 APP，都可以作为电子书包系统的智能学习终端。教师利用智能学习终端辅助上课，学生利用智能学习终端开展探究活动，拍照上传探究结果，接收教师推送内容。智能学习终端是整个电子书包系统价值的体现，是实现信息技术突破重点难点的重要工具，也是电子书包系统的灵魂。

拓展资源 2-1：电子书包系统展示视频

扫一扫，观看电子书包系统展示视频，感受电子书包系统所具备的功能和作用，体会电子书包系统的结构。

三、 交互式电子白板系统

黑板是每个教室中不可缺少的教学工具，是教师在教学过程中呈现教学资源的主要载体。随着信息技术的不断发展，交互式电子白板系统的出现让教师的教学更加方便，传统黑板无法直观演示的三维旋转、重力实验以及塞外风光、名家书画等内容在交互式电子白板上易如反掌。交互式电子白板（也称电子交互白板、交互白板、电子白板或数码白板）是近年来国际上推出的一款全新的高科技产品，是一种可以在上面书写并且能够被电子捕获的干擦式白板，它要求与电脑相连接，有的还可以与计算机图像投影仪相连，它们通常应用于办公室或教室。交互式电子白板的使用方式有两种：一是捕捉写在白板上的干擦笔墨（dry-erase ink），二是控制（点击并拖动）和域标出（注释）由数字投影仪投射在白板上的电脑图像。可以看出，交互式电子白板与普通投影仪、显示屏的区别在于，后者只有现实功能，而前者可以与使用者产生交互作用，也就是具备直接操作和在上面书写的功能。

整个交互式电子白板系统一般由电子白板、感应笔、投影仪和计算机等相关设备组成，其中，电子白板和投影仪与计算机相连接，投影仪将计算机中显示的内容投在电子白板上，感应笔在电子白板上的操作由电子白板输入计算机，通过计算机运算合成后再次通过投影仪显示在白板上，从而实现交互的效果。现阶段也有通过液晶触摸显示屏代替投影仪和电子白板的，实现显示、操作和交互合为一体，也称作交互一体机。

和电子书包系统类似，交互式电子白板是一个包含硬件系统和软件系统的新教学媒体，它具有与传统常规媒体和多媒体演示系统显著不同的技术特征和教学特性，如与多媒体演示系统相比能够显著支持动态生成的课堂教学，教师可以随时输入新的内容并加以存储展示等①。交互式电子白板独特的功能和特点使其具备了教学方式上的灵活自如性②、教学内容上的活泼生动性，以及教与学的即时交互性等，所以课堂上使用这一技术手段可以有效提高教师的教学质量和学生的学习效果。

拓展资源 2-2：交互式电子白板系统展示视频

扫一扫，观看交互式电子白板系统展示视频，感受交互式电子白板系统所具备的功能和作用。

四、 智能录播系统

智能录播系统是一种集录制、编辑、生成和直播等功能为一体的全自动教学辅助系统，它可在教师授课的同时，自动生成课堂教学实况录像，完整地记录教师授课的全过程，包括教师讲授的过程、板书书写的过程和使用的多媒体教学课件等，并按照授课的时间顺序自动编辑生成授课实况录像，同时还可以以流媒体的方式在互联网上进行直播，使广大用户如在课堂现场一样，课后还可以在网上点播重放。它是开展教师专业发展、课堂教学评估、教学实况观摩、优质课程评审和优质资源共享的重要手段，同时解决了"教书的人不会编辑，会编辑的人不会教书"的问题。

智能录播系统一般由视音频信号采集系统、摄像跟踪定位系统、智能自动编辑系统、流媒体格式文件生成系统四个部分组成（如图 2-4 所示）③，其智能性体现在摄像跟踪定位系统和智能自动编辑系统上。

摄像跟踪定位系统可分为对教师板书的跟踪定位、对教师本人的跟踪定位以及对学生的跟踪定位。教师的板书过程是一个循环证明的过程，很多情况下是不能被多媒体课件所替代的。板书摄像机有多机位固定安装摄像系统和带旋

---

① 　吴筱萌：《交互式电子白板课堂教学应用研究》，载《中国电化教育》，2011(3)。

② 　刘长庆：《交互式电子白板——课堂教学技术的新趋势》，载《教育与教学研究》，2007，21(6)。

③ 　张飞碧：《全自动智能录播系统的架构分析》，载《中国电化教育》，2008(5)。

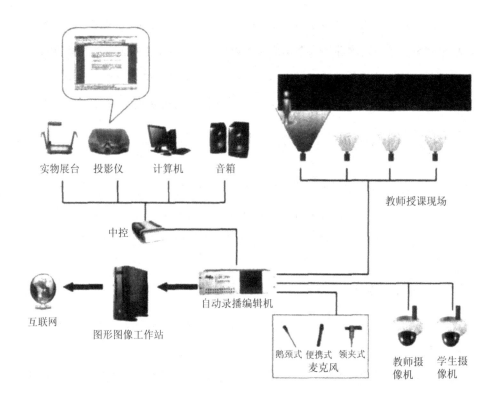

图 2-4 智能录播系统结构图

转云台的单机位快球摄像机系统两种，其中多机位固定安装摄像系统即通过安装多台摄像机，对应黑板下方的超声波定位系统，实现教师板书写到不同区域，不同的摄像机分别拍摄，再将拍摄信号送于自动编辑机进行编辑处理。这是一种无缝连接板书画面的摄像定位系统，摄像定位精确、画面清晰无抖动。而带旋转云台的单机位快球摄像机系统，需要教师胸前佩戴一个红外线发射器（或无线电射频发射器），黑板下沿设有若干个红外线接收器（即板书传感器），它的有效作用距离为 0.5～1 米可调。教师面向黑板时，板书传感器捕获到红外信号，并根据摄像机镜头轴线对准教师的误差角度启动旋转云台进行自动跟踪拍摄。摄像机是连续拍摄的，拍摄的画面通过视频线缆送到自动编辑机进行处理。

跟踪拍摄教师的摄像机一般采用具有旋转云台的高性能球形摄像机，挂在教室中后部位置的天花板下面，拍摄教师讲课时的全部场景。通过摄像机的自动变焦功能，可拍摄教师讲课时的特写镜头以及黑板全屏的画面。教师自动跟踪拍摄系统利用教师身上佩戴的红外信号发射源，结合吊装在天花板中的红外接收天线，确保教师始终出现在画面的中间位置，并能够确保在教师镜头、学生镜头、板书镜头与电子课件镜头之间自由切换，不产生画面模糊的镜头。学生摄像拍摄系统一般采用单机位带预置位云台的球形摄像机，安装在教室黑板上方。通过旋转云台可拍摄到学生与教师互动教学的全部场景，通过固定按键、红外遥控和教师点选等方式，实现对学生镜头的跟踪拍摄。

自动编辑系统的功能是按讲课的时间顺序，自动剪辑三种类型摄像机的画面和插入的多媒体电子课件等内容，同时自动生成实时播出、电影模式的音视频资料，也可以和直播系统进行对接，实现实时录制剪辑，实时流媒体推送直播。教师授课结束后，系统能够接入事先设定的片头和片尾资料，生成一个供储存、浏览和网上点播的完整课堂实录资料。整个过程无需任何人帮助或人工干预，大大减轻了教师的工作量，能够让教师专注于完善授课流程。

拓展资源 2-3：智能录播系统展示视频

扫一扫，观看智能录播系统展示视频，感受智能录播系统所具备的功能和作用。

拓展资源 2-4：智慧课堂概念视频

扫一扫，观看智慧课堂概念的视频，感受智慧课堂的魅力。

拓展资源 2-5：腾讯智慧校园应用场景展示

扫一扫，观看腾讯智慧校园应用场景展示视频，分析智慧校园的理念、目标和组成。

第三节　智慧课堂的功能作用

无论是传统课堂还是智慧课堂，其目的都是培养社会所需要的人才。时代的快速发展为人才培养提出了更高的要求，除了要求人才具备记忆、理解和应用等低阶技能外，更要具备分析、评价和创造等高阶技能。智慧课堂教学能够合理利用信息技术创新教学理念、重塑师生角色、再造教学流程、重构课程结构，从而实现信息技术的深化应用与融合创新，突出教学个性化，落实学生主体地位，达成学生高阶目标，缩小学科之间的鸿沟，最终促进学生全面发展。

一、 助力教学创新

教学理念是对认识的集中体现，同时也是人们对教学活动的看法和持有的基本的态度及观念，是人们从事教学活动的信念。教学理念对教学活动具有指导作用，也统领着整个教学过程的价值取向。智慧课堂的出现让个性化教学逐步成为现实，个性化教学理念也不断得到完善。所谓个性化教学，就是将学生看作独立的个体，尊重学生的个体差异，了解学生的真实需求，为学生"私人定制"学习计划与学习路径，从而实现或超越预定教学目标。随处可见的一对一辅导就是个性化教学的一种体现。私人定制的成本相对较高，在大班教学中一名教师对着几十名学生，要做到关注每个学生的个性化教学是很困难的，而智慧课堂的出现，让个性化教学逐步成为现实。电子书包系统为每个学生提供了学习工具与学习空间，学习云平台也能够实时地了解学生的学习情况，适时提供相应的帮助。在课堂教学中，教师可以推送相同的学习资源，学生自主安排学习方法、学习顺序和学习时间，教师也可以和学生共同建立资源库，由电子书包云平台根据学生的实际情况，智能推送与之相匹配的学习资源。课堂小结测试时，教师可以设置难度不同的测试题，电子书包云平台也可智能推送相关练习，实现有效的分层练习。智慧课堂教学的内涵就在于以学生为本，突出个性；以个性为本，提高效果，从而实现信息技术与教育教学深入融合，不断创新教学理念。

二、 重塑师生角色

自课堂教学出现至今，教师和学生的角色就成为教育研究者关注的研究问题之一。在传统的教学观里，教师是专门教导别人学习的，而学生是需要接受别人教导的。这两个角色由不同的人承担，彼此之间泾渭分明，互峙对立。表现在教学中就是，教师设定教学内容，安排教学程序，管理课堂秩序，传授知识，示范技能，解答疑问，宣讲道义；学生则接受教师的管理，遵守课堂纪律，努力理解教师，虚心领受教导。① 由此可以看出，教师是教学活动的主角，掌管教学进度，实施教学程序，但对于学生的学习情况教师无法明确得知，久而久之，教师形成了"我不讲完学生就不会"的观念。翻转课堂的出现让知识传授与知识内化翻转，让学习与教学时空翻转，同时也让师生角色翻转。课堂教学的主体不再是教师，而是学生；教师由教变导，成为课堂教学的主导。智慧课堂环境为教师主导—学生主体的课堂提供了重要支撑，并不断创新发展。数学课上，教师营造探究环境，学生利用电子探究工具生动形象地发现规律，拍照上传探究结果，并充当"小老师"表达探究过程与结果；科学课上，教师设置实验任务，学生形成合作小组协作分工，利用仿真环境开展虚拟实验，全班通过实时协作留言板展示实验结果。这些基于智慧课堂的创新应用让学生主体地位更加坚实，同时不断帮助教师转变角色，由教至导，重塑师生角色，提高课堂教学效果。

三、 再造教学流程

美国教育学家布鲁姆将教育目标分为三大领域：认知领域、情感态度领域、动作技能领域。1956 年他发表的《教育目标分类法》将认知领域目标分为六级，从低层次到高层次依次为：知道、理解、应用、分析、综合、评价。随后，布鲁姆认知领域目标被修订为记忆、理解、应用、分析、评价、创造。前三个称为低阶技能，后三个称为高阶技能。智慧课堂的目的是培养具有高智能和创造力的人，利用信息技术再造传统课堂教学流程，突破重点难点，从而达成高阶目标。所谓教学流程再造，是指对教学基本问题进行反思，并在不违反教学规律的前提下对教学过程进行重新设计，以便在目标、策略、活动、效果等衡量教学绩效的重要尺度上得到显著的进展，其基本思想包括：以教学流程为核心，以教学目标的达成为导向，以课堂教学为单位，以信息技术为依托。教师可以在课前依托智慧课堂中的学习空间，设置学习任务，将一部分知识传授的任务放在课前；授课过程中可以通过设置自主探究、协作探究、角色扮演、分组实验、自主创作等活动，将知识的内化与外显置于课堂中；课后可以依托智慧课堂中的学习空间，布置作业和家校协作活动，从而达到知识的巩固与提升。教

---

① 刘历红：《论师生"角色分化与共享教学"》，载《课程·教材·教法》，2015(5)。

师利用信息技术再造教学流程，学生利用信息技术突破重点难点，逐步达成高阶目标。

四、 促进全面发展

教育信息化应强调融合创新，深化应用。所谓融合创新，是指要通过深化信息技术与教育教学、教育管理的融合，强化教育信息化对教学改革，尤其是课程改革的服务与支撑；强化将教学改革，尤其是将课程改革放在信息时代背景下来设计和推进。应用是信息技术与教学、管理的结合点，也是教育信息化的生命力。以深化应用驱动为基本导向，通过应用带动环境营造、支撑核心业务，围绕应用目标开展培训与绩效评价，依托教育信息化加快构建以学习者为中心的教学和学习方式。融合创新提升教育信息化的效能，深化应用体现信息技术对教育教学改革和发展的作用，二者相辅相成，不断放大教育信息化的辐射作用。2016 年 9 月，《中国学生发展核心素养》正式发布，提出了六大素养，并细化为 18 个基本要点，包括理性思维、批判质疑、勇于探究、勤于反思、问题解决、自我管理等，利用智慧课堂可以将核心素养不断落地。智慧课堂以培养具有高智能和创造力的人才为目标，也就是将培养高阶思维认知能力作为出发点和落脚点，实现为未来社会提供创新型人才的目的。在智慧课堂环境中，学生可以利用智慧课堂云平台实现协作学习、小组探究、虚拟实验、完成测试等；教师可以利用智慧课堂云平台实现协作备课、课堂授课、布置任务、家校互动、网络研修等；学校可以利用智慧课堂云平台实现智慧管理、智慧决策等，从而深化应用信息技术，构建智慧课堂环境。融合创新信息技术的应用，打造了智慧校园生态，不断地促进了学生、教师、学校的全面发展。

第四节　智慧课堂的标准

课堂教学是学校的主要职责，学校为课堂教学提供了空间、时间、资源和服务，二者相辅相成，合力为社会培养人才。建设智慧课堂最重要的就是系统规划智慧校园，以智慧理念引领校园文化建设，以智慧设施彰显办学水平，以智慧课堂教学体现智慧设施的应用，以智慧师资建设体现智慧课堂的特色。规划智慧校园，最重要的是聚焦课堂教学智慧应用，体现信息技术与教学的深度融合，将信息技术落地，实现常态化应用，从而塑造智慧校园品牌。

由此可以看出，智慧课堂标准离不开智慧校园标准，智慧校园标准也需要智慧课堂来体现。本节将带领大家从智慧校园标准切入，从系统规划的视角了解智慧课堂的相关标准，学习智慧课堂的通用语言。

一、智慧校园标准

目前，关于智慧课堂学术界和技术领域尚未形成统一标准。课堂是校园的重要场所，课堂教学是校园生活的重要组成部分，其重要程度不言而喻。教育部在 2018 年发布了《中小学数字校园建设规范（试行）》[①]，继续开展中小学百所数字校园示范校项目，充分发挥地方与学校积极性、主动性，引导各级各类学校开展数字校园、智慧校园建设与应用。2018 年 6 月 7 日，中国国家标准化管理委员会最新公布了国家标准文件《智慧校园总体框架（GB/T 36342—2018）》，对如何部署智慧校园总体架构，如何实现智慧教学环境，如何构建智慧教学资源，如何部署智慧教学管理系统，如何构建智慧教学服务等进行了明确的规范，该标准于 2019 年 1 月 1 日起正式实施。

（一）智慧校园总体架构推荐性国家标准

智慧校园国家标准的发布，为政府、企业和教育机构的碰撞和交流搭建了桥梁，同时也为智慧校园的建设者引领了方向，为智慧校园的推进者给予约束，为智慧校园的决策者提供了指南。《智慧校园总体框架（GB/T 36342—2018）》对数字校园、智慧校园、智慧教学环境、智慧教学资源、智慧校园服务、数据分析、数据挖掘、智能检测、在线学习、一卡通、虚拟校园等术语进行了规范定义，同时将总体架构分为基础设施层、支撑平台层、应用平台层、应用终端、信息安全体系等（总体架构如图 2-5 所示）。

---

① 中华人民共和国教育部：《教育部关于发布〈中小学数字校园建设规范（试行）〉的通知》，http://www.moe.gov.cn/srcsite/A16/s3342/201805/t20180502_334759.html，2018-04-17。

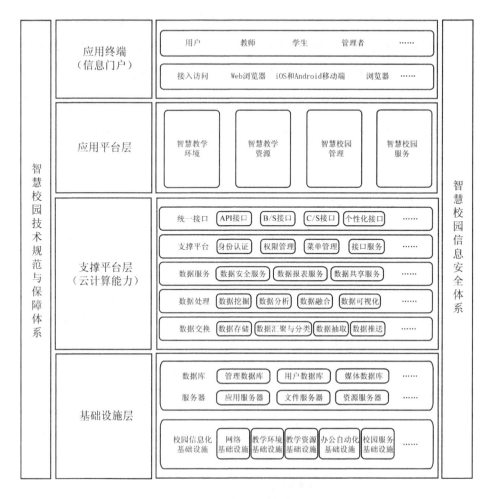

图 2-5　智慧校园总体架构图

1. 基础设施层

支持智慧校园建设与应用中看得见、碰得着、具体化的设施与设备集合组成了基础设施层。该层提供异构通信网络、广泛的物联感知和海量数据汇集存储，为智慧校园的各种应用提供基础支持，为大数据挖掘与分析提供数据支撑。主要包括校园信息化基础设施、数据库与服务器等。

2. 支撑平台层

在基础设施的基础上浇筑智慧校园的"承重墙"，是支撑平台层的职责和意义所在。支撑平台层是体现智慧校园云计算及其服务能力的核心层，为智慧校园的各类应用服务提供驱动和支撑，包括数据交换、数据处理、数据服务、支撑平台和统一接口等功能单元。

3. 应用平台层

以应用为导向的智慧校园建设才是"好钢用在刀刃上"。应用平台层是智慧校园应用与服务的内容体现，在支撑平台层的基础上，构建智慧校园的环境、资源、管理和服务等应用，为师生员工及社会公众提供泛在的服务。包括智慧教学环境、智慧教学资源、智慧校园管理、智慧校园服务四大部分。

4. 应用终端

智慧课堂、智慧教学、智慧环境、智慧管理等多种智慧应用需要智慧入口，不同类型的应用终端就是智慧校园的智慧入口。应用终端是智慧校园终端访问者接入访问的信息门户，访问者通过统一认证的平台门户，以各种浏览器及移动终端安全访问，随时随地共享平台服务和资源。包括用户和接入访问两个方面。

5. 信息安全体系

作为教书育人的场所，智慧校园的安全尤为重要。信息安全体系是贯穿智慧校园总体框架多个层面的安全保障系统，这就包括物理安全、网络安全、主机安全与数据安全，其安全等级不低于《信息安全技术　信息系统安全等级保护定级指南(GB/T 22240—2008)》规定的三级要求。

除此之外，该标准还针对智慧教学环境、智慧教学资源、智慧教学管理系统、智慧教学服务等方面，依托智慧校园总体架构，构建了独立部署的智慧校园环境总体架构、智慧教学资源总体架构、智慧校园管理总体架构和智慧校园服务总体架构，为智慧教学环境、智慧教学资源、智慧教学管理、智慧教学服务等提供整体解决方案。

拓展资源 2-6：智慧校园总体框架(GB/T 36342—2018)

扫一扫，阅读智慧校园总体框架(GB/T 36342—2018)，整体感知智慧校园建设的标准与规范。

(二)不同地区智慧课堂的相关标准

落地智慧校园，既需要国家标准的引领，也需要结合当地实际情况，实事求是地寻找抓手，脚踏实地做出特色。我们分别选取了广州市、深圳市和宁波市出台的智慧校园建设与应用标准进行简要分析，从系统视角探寻智慧课堂的相关标准。

1. 广州市中小学校智慧校园建设与应用标准体系(试行)

为全面落实教育部《教育信息化十年发展规划(2011—2020年)》《教育信息化"十三五"规划》和国家、省、市第二次教育信息化工作电视电话会议精神，推动"互联网＋"时代的教育改革，促进学校学习方式、教学方式、管理方式、评价方式的变革与创新，推动广州智慧教育体系的建设，广州市教育局于2016年启动了广州市首批中小学(中等职业学校)智慧校园实验校申报工作，同时发布了《广州市中小学校智慧校园建设与应用标准体系(试行)》和《广州市中等职业学校智慧校园建设与应用标准体系(试行)》。我们以《广州市中小学校智慧校园建设与应用标准体系(试行)》为例，展现智慧校园的相关标准(如图2-6所示)。

(1)机制与保障。

"智慧校园"建设与应用的持续推进和创新发展离不开机制与保障。本标准体系指引要求学校从组织架构、规划与计划、信息化领导力、制度与落实、经费保障等方面建立健全可持续发展机制。

(2)智慧校园基础支撑环境。

智慧校园基础支撑环境是"智慧校园"建设与应用的基础和外显形式，包括基础设施、信息化应用系统和数字资源，为师生开展教学活动提供信息化环境支撑。

(3)教育信息化应用能力。

教育信息化应用能力是"智慧校园"建设的核心，是"智慧校园"建设与应用的窗口，是体现"智慧校园"建设成效的重要渠道。在"智慧校园"中，学校信息化教学应实现了常态，各学科能积极开展网络环境下的集体备课、团队学习、集体创作等活动；学校在开展网络环境下教学改革探索力度大，成效明显，在新型学习环境构建、优质学习资源利用、个性化学习和评价、协作探究和协同创作等方面取得突破，形成一定数量的骨干教师和适合学科特点的信息化教学模式；学生能够充分利用网络学习空间开展自主学习、合作学习、协作探究、网

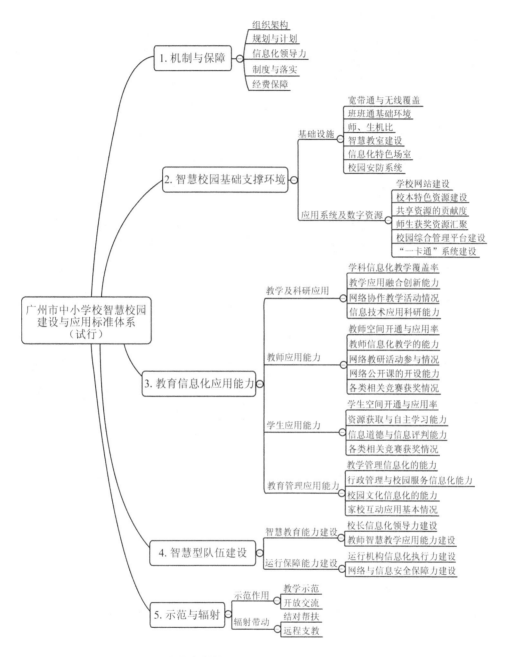

图 2-6　广州市中小学校智慧校园建设与应用标准体系(试行)

上测试等，教师能够充分利用网络学习空间开展日常教学、学习培训、网络研修、教学研讨、互动交流等。智慧校园重在智慧教学，智慧校园重在智慧应用。

(4)智慧型队伍建设。

智慧型队伍建设是"智慧校园"建设的可持续发展机制，是"智慧校园"的推动力和保障。学校应落实教育信息化"一把手"责任，同时利用多渠道、多方式、多手段培养一支具有现代教育理念、精通现代教育技术的智慧型教师队伍，设立"智慧校园"运行支持机构，从而全面推动"智慧校园"的发展。

(5)示范与辐射。

"智慧校园"的建设与应用不仅要推动自身的信息化发展，也应具备社会服务意识，开放资源，开放交流实现示范作用；结对帮扶，远程支教实现辐射带动，从而不断推动教育信息化精准扶贫和区域教育信息化均衡发展。

拓展资源 2-7：广州市中小学智慧校园建设与应用标准体系(试行)

扫一扫，阅读广州市中小学智慧校园建设与应用标准体系(试行)，分析该评价标准所对应的智慧课堂建设重点与导向。

2.深圳市中小学"智慧校园"建设与应用标准指引(试行)

2012 年，深圳市发布了《智慧深圳规划纲要(2011—2020 年)》，在教育方面提出要实施智慧教育工程，打造"智慧校园"。同年 12 月被教育部确定为首批全国教育信息化试点单位，任务是开展"采用云计算技术的公共服务体系建设与应用探索"。要有效完成教育部教育信息化试点工作，要助力智慧深圳建设，要创建深圳教育云，真正实现以教育信息化引领教育现代化，建设智慧校园，应用智慧课堂是重要抓手。深圳市中小学"智慧校园"建设与应用标准(试行)分为四个部分，如图 2-7 所示。

(1)基础支持环境。

基础支撑环境是"智慧校园"建设与应用的基础和外显形式，包括基础设施、网络空间、信息化应用系统等，为师生开展教学活动提供信息化环境支撑。

(2)数字教育资源。

数字教育资源的共建共享和优质资源的教学应用是"智慧校园"建设的重要内容和关键环节。根据《构建利用信息化手段扩大优质教育资源覆盖面有效机制的实施方案》(教技[2014]6 号)文件的精神，数字教育资源分为基础性资源、个性化资源和校本资源三大类。在本标准指引中，基础性资源是指与国家、地方教材配套的课程资源；个性化资源是指学校根据办学需要选择性购买的个性化

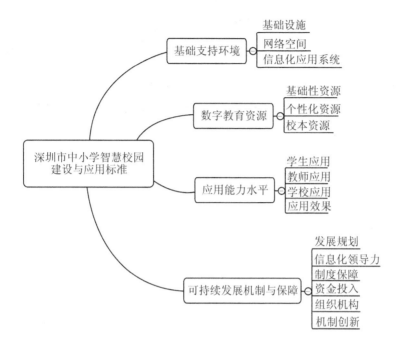

图 2-7 深圳市中小学智慧校园建设与应用标准

教与学资源；校本资源是指学校、教师、学生、家长和社会专业人士在教育教学活动过程中生成的资源。

（3）应用能力水平。

应用能力水平是"智慧校园"建设与应用的核心，是"智慧校园"建设与应用的窗口，是体现学校建设与应用成效的重要标志，重点关注学生、教师和学校的信息化应用能力水平以及信息化应用成果。

（4）可持续发展机制与保障。

"智慧校园"建设与应用的持续推进和创新发展离不开机制与保障。本标准指引要求学校从组织机构、发展规划、信息化领导力、制度保障、资金投入、机制创新等方面建立健全可持续发展机制。

拓展资源 2-8：深圳市中小学"智慧校园"建设与应用标准指引（试行）

扫一扫，阅读深圳市中小学"智慧校园"建设与应用标准指引（试行），分析该评价标准所对应的智慧课堂建设重点与导向。

3. 宁波市中小学"智慧校园"评价标准

"智慧校园"是"数字化校园"建设的高级阶段，是信息技术与教育教学深度融合的必然趋势，也是智慧教育建设的前沿阵地。学校通过"智慧校园"的创建，使教育更加均衡化、教学更加个性化、管理更加精细化、决策更加科学化。宁波市中小学"智慧校园"评价标准分为 6 个部分（如图 2-8 所示）。

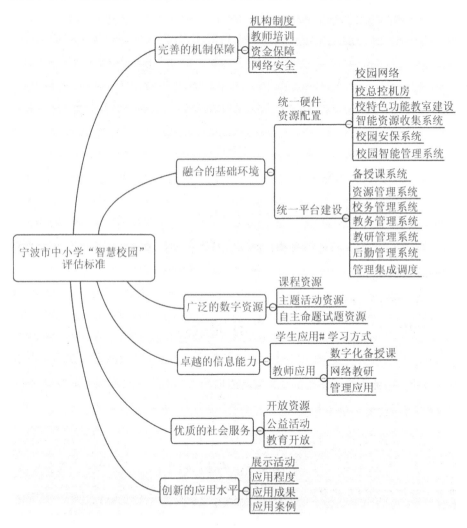

图 2-8 宁波市中小学"智慧校园"评估标准

（1）完善的机制保障。

完善的保障机制是建设"智慧校园"的基础条件。为更好地全方位地推进智慧校园建设，建立有效的保障机制有助于提升教育信息化管理水平，有效促使教育信息化正能量最大限度地发挥，对于智慧校园的发展有着积极作用。

（2）融合的基础环境。

融合的基础环境是"智慧校园"建设与应用的外显形式，包括校园硬件环境、教学软件环境、管理软件环境等，为师生开展教学活动提供信息化环境支撑。

（3）广泛的数字资源。

具有学校特色的数字教育资源共建共享是"智慧校园"建设的关键环节。结合《宁波智慧教育"百千万优秀空间"建设活动方案》，大力促进优质教育教学资源的全面共建共享。学校在推进数字资源建设与应用的过程中，要注重发挥集体智慧和力量，积极采用由多机构、多用户协同参与编辑的"群建共享"模式，实现数字资源的可持续生产、传播和共享；要善于把学习者在使用资源过程中产生的各种信息转换成生成性资源，对后续学习者的学习和课程资源的改进起到重要作用。

（4）卓越的信息能力。

师生运用信息技术能力是衡量"智慧校园"建设的重要指标。师生能利用网络获取、储存、评价、加工和应用数字化教学资源，能利用各种媒体终端进行随时随地的学习、交流和分享，学生能在教师的指导下，应用信息技术灵活开展自主学习、合作学习与探究学习。

（5）优质的社会服务。

"智慧校园"的社会服务能力是"智慧校园"建设成果的体现，利用宁波智慧教育学习平台和公共服务管理平台为全体市民提供优质的教育资源和丰富多样的教育服务。

（6）创新的应用水平。

应用能力水平是"智慧校园"建设与应用的核心，是"智慧校园"建设与应用的窗口，是体现学校建设与应用成效的重要标志。

拓展资源 2-9：宁波市中小学"智慧校园"评估标准

扫一扫，阅读宁波市中小学"智慧校园"评估标准，分析该评估标准所对应的智慧课堂建设重点与导向。

二、 智慧课堂标准

(一)智慧课堂"SMART"概念模型

智慧课堂是智慧校园的重要组成部分,也是智慧校园深化应用的主阵地。智慧课堂是以培养具有高智能和创造力的人才为目标,依赖于大数据、学习分析等技术,实施学情诊断分析和资源智能推送,开展"云+端"学习活动与支持服务,进行学习过程记录与多元智能评价的新型课堂。2017 年 5 月,北京师范大学智慧学习研究院发布了《2016 中国智慧学习环境白皮书》,其中认为智慧教室、智慧课堂应具备 5 个特征(如图 2-9 所示)。

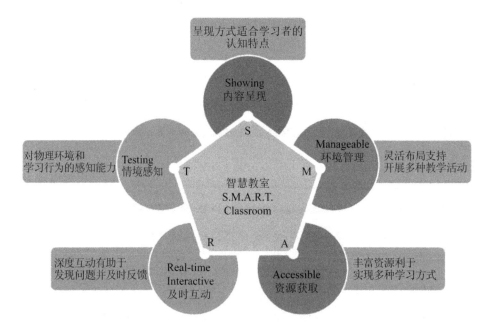

图 2-9 智慧教室、智慧课堂"SMART"概念模型

智慧课堂中的教学信息呈现不仅要清晰有效,同时呈现内容的方式也应适应不同学习者的特征。教学信息的呈现主要包括视觉和听觉两个方面,视觉上应注重可视化环境的打造,如灯光强弱、屏幕亮度等;听觉上应注重环境的营造,合理利用吸音材料,充分控制混响,从而营造良好的听闻环境,保障师生语言交流顺畅,教学互动良好。

环境管理主要表征是智慧教室的布局多样性和管理便利性。智慧教室的所有设备、系统、资源都应具备较强的可管理性，包括教室布局管理、设备管理、物理环境管理、电气安全管理、网络管理五个方面[①]。

资源获取意味着智慧课堂可以为教师和学生提供方便获取、质量优秀、可读性强的相关教学资源。教师和学生可在智慧课堂中利用计算机、平板电脑、智能手机、无线投影仪和交互式电子白板获取资源，组织教学活动。与此同时，教师可以利用相关设备分发资源，学生可以利用相关设备生成资源并与他人分享，从而提高教学效率，提升教学效果。

及时互动主要表征是智慧课堂支持教学互动及人机互动的能力，涉及便利操作、流畅互动和互动跟踪三个方面。对于教师和学生来说，便利的操作能够使其无须花费较高的学习成本，即可与相关设备进行交互。智慧课堂应能支持人机的自然互动，所有互动设备及界面具有操作简单、功能全面、导航清晰、符合人的操作习惯等特点，触摸、视觉和语音等互动方式可以改善鼠标、键盘的人机互动体验，使互动更趋于自然。流畅的互动是实施智慧课堂的重要保障，分发资源、上传数据、实时评测、动态分析，这些交互都需要流畅开展，才能够使教师和学生专注使用方式的创造与优化。随着大数据的不断深入应用，基于数据的学习分析将会为智慧课堂的互动提供有力的支撑，流畅的人机交互是重要的保障。

环境感知则是智慧课堂大脑的延伸，表征着智慧课堂对物理环境和学习行为的感知能力，也是智慧课堂中智慧的来源。李秉德(1991)指出，空气、温度、光线、声音、颜色和气味等教学环境中的物理因素会直接影响教师和学生的身心活动。利用传感器技术的智慧课堂可以实时监测环境中的相关指标，动态调整相关参数，为学生营造良好的学习环境，提高学生的学习效果。

拓展资源 2-10：2016 中国智慧学习环境白皮书

扫一扫，阅读 2016 中国智慧学习环境白皮书，体会智慧课堂的相关特征与标准。

---

① 黄荣怀、胡永斌、杨俊锋等：《智慧教室的概念及特征》，载《开放教育研究》，2012，18(2)。

（二）美国"学校技术工具的资源指南"

美国国家教育技术协会常务理事会（State Educational Technology Directors Association，SETDA）发布的《学校技术工具的资源指南》为智慧课堂提供了相关标准（如表 2-1 所示）。

表 2-1　美国学校技术工具资源指南框架

一级指标	二级指标	三级指标
学校的技术结构	集中计算站	
	移动计算实验室	
	一对一计算	
教室的构成	计算设备	移动设备
		上网本
		精简电脑
	硬件	音频系统
		视频与摄像机
		实物投影仪
		交互式电子白板
		学习者相应设备
		便携式媒体播放机
		便携式存储设备
		打印机
		投影仪
		无线手写板
		网络摄像机
	内容、资源和工具	数字课本
		教育软件和相关订阅
		地理信息系统
		播客
		效率工具
		模拟/仿真

续表

一级指标	二级指标	三级指标
在线协作与交流工具	博客	
	聊天室	
	教学管理系统	
	社会化书签	
	视频会议系统	
	虚拟学习空间	
	网络研讨/会议	
在线编辑工具	维基(Wiki)	
必要的注意事项	技术计划	
	信息技术支持	
	数字居民	
	数据系统	
	专业发展	教育门户网站
		在线课程
		专业学习社区
		技术教练/集成专家
	学生评估	形成性评价
		在线评价
		绩效评价
		档案袋评价

可以看出，在智慧课堂标准中，关于教室构成中的硬件、软件和相关资源是必不可少的，教师和学生充分利用智慧课堂环境开展教学交互，如在线协作与社会化交流，同时，智慧课堂能够为学生智慧评价与教师专业发展提供帮助。综合上述分析，智慧教室的建设中硬件环境是必要的基础设施建设，软件资源则是使智慧教室中教学开展更灵活简便的条件，而保障制度则可促进智慧教室可持续发展，不断提升师生的 ICT 技能、促进教学效果提升。

【本章小结】

本章主要介绍了智慧课堂的起源与内涵、智慧课堂的环境以及智慧课堂的功能作用和智慧课堂的标准。

1. 智慧课堂的内涵

智慧课堂是以培养具有高智能和创造力的人才为目标，依赖于人工智能、大数据、学习分析等技术，实施学情诊断分析和资源智能推送，开展"云＋端"学习活动与支持服务，进行学习过程记录与多元智能评价的新型课堂。

2. 智慧课堂的功能作用

智慧课堂的功能作用包括：①助力教学创新；②重塑师生角色；③再造教学流程；④促进全面发展。

第三章
智慧课堂教学设计

⊙ **内容结构**

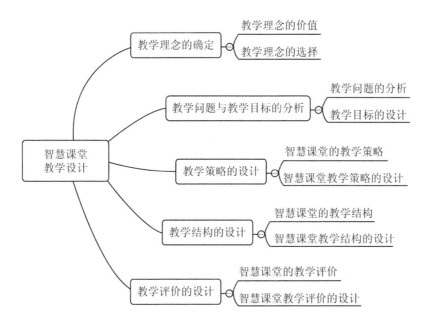

智慧课堂是以培养具有高智能和创造力的人才为目标，依赖于大数据、学习分析等技术实施学情诊断分析和资源智能推送，开展"云＋端"学习活动与支持服务，进行学习过程记录与多元智能评价的新型课堂。教学设计是运用系统的方法，将学习理论与教学理论的原理转换成对教学环境、教学资源、教学活动和教学评价进行具体计划的系统化过程。因此，可以将智慧课堂教学设计理解为面向智慧课堂的教与学活动所展开的教学设计。

本章讲解了智慧课堂教学设计的一般过程，它包括以智慧课堂教学理念为指导，找准智慧课堂中需要解决的教学问题，明确智慧课堂的教学目标，选择适当的教学策略，设计有效的教学结构，实施多元的教学评价。

第一节　教学理念的确定

教学理念是人们在教学实践中所要实现的目标和归纳总结出来的教学思想、观念、概念与法则等。教学理念对教学活动具有指导作用，也统领着整个教学过程的价值取向，对于教学设计来说，教学理念尤为重要，开展智慧课堂教学设计，更要以先进的教学理念作为指导。

一、教学理念的价值

教学理念是人们对教学和学习活动内在规律认识的集中体现，同时也是人们对教学活动的看法以及持有的基本态度和观念，是人们从事教学活动的信念。[①] 教学理念对教学活动有着极其重要的指导意义，对教师的行为也具有重要的指导作用。

教学理念具有如下四个基本特点。[②]

第一，前瞻性。

教学理念植根于教学实践，是为了改革、超越实然的教学而阐释描绘应然的教学。从其形成过程看，它是教师分析教学现实，以一定教学理论为指导，在其头脑中形成超越教学现实的先进理念，或者是专家、学者在准确诊断、把握实然教学的弊端基础上，根据学生成长和社会发展的价值追求，勾勒描绘教学的理想，形成新的教学理念，因而具有前瞻性。

第二，个体性。

教学理念是人们对教学活动的信念的体现，同时教学理念对教学行为的导向作用主要是通过教师个体的创造性理解和实践实现的。因此，教学理念的形成过程和影响教学实践的内隐机制表明，它具有鲜明的个体性特点。

第三，相对稳定性。

教师教学理念形成后，在教学实践中会转化为教育信念，而信念是认知、

---

① 孙亚玲、傅淳：《教学理念辨析》，载《云南师范大学学报（哲学社会科学版）》，2004(4)。

② 段作章：《教学理念的内涵与特点探析》，载《教育导刊》，2011(11)。

情感和意志的有机统一体，难以轻易改变。教学理念的稳定性，有助于教师形成自己的教学思想和教学风格；但同时容易使教师自以为是，不思进取，跟不上教学理论与教学实践改革的步伐。

第四，动态发展性。

教学理念的动态发展性主要源于三点：一是人们对教学规律认识的不断变化，二是人们对教学活动的价值取向和利益诉求的不断变化，三是教师自身专业的发展要求积极更新教学理念。

对于智慧课堂来说，它是信息时代的背景下智能化技术系统与教学深度融合的产物。它在各种创新技术的支撑下，引领了未来学校课堂发展与变革的方向，是运用互联网创新思维，根据社会发展需求对传统课堂教学模式进行的又一次变革。

智慧课堂依据时代要求，打破了传统教学中的关系结构，使师生关系、教与学之间的关系发生了根本性的变化，并对其进行优化、重组。依靠网络媒体与海量资源为学生提供智能化、个性化的教育平台，满足学生个性化的学习需求，关注学生实践学习、个性化学习和创造性学习的能力，形成现实意义上的全面发展的教育教学理念。

二、 教学理念的选择

随着新技术的不断发展和新课程改革的深入推进，目前已涌现出许多先进的教学理念。智慧课堂教学要针对教学实际问题，结合教学目标、教学重难点及学习者特征，选择与之相契合的教学理念，并根据教学理念真正向教学行为转化，提高教学质量。

下面对几种典型的教学理念进行介绍。

第一种，个性化教学理念。

个性化教学是根据学习者的个性特点和发展潜能，采取灵活、适合的方式充分满足学习者个体需求的教学。[①]《教育信息化十年发展规划(2011—2020

---

① 郑云翔：《信息技术环境下大学生个性化学习的研究》，载《中国电化教育》，2014(7)。

年)》提出要"创新信息化教学与学习方式,提升个性化互动教学水平,创新人才培养模式,提高人才培养质量"。在智慧课堂教学中,应充分考虑学生的个性化学习需求,促进学生个性化发展。

第二种,翻转课堂教学理念。

翻转课堂是在信息化环境中,学生在上课前完成对教师提供的学习资源的学习,师生在课堂上一起完成作业答疑、协作探究和互动交流等活动的一种教学。翻转课堂将学习过程的两个阶段——知识传授和知识内化进行颠倒,形成学生在课外完成知识学习、课上将知识内化吸收的新型教学结构。智慧课堂环境中先进设备的富媒性、交互性、移动性、按需服务等特征,为翻转课堂教学提供良好的技术支持和个性化学习服务。

第三种,生成性教学理念。

生成性教学是在弹性预设基础上,师生充分交互,不断调整教学活动和行为,共同建构并形成新的信息、资源的动态过程,以实现教学目标和创生附加价值。生成性教学具有人文发展性、动态非线性、交互参与性和附加价值性等特征。生成性教学过程分为"弹性预设"→"交往—反馈"→"应对—建构"→"生成—创造"→"反思—评价"五个阶段。[①] 智慧课堂教学应由预设走向生成,促进学生个性化和创造力的发展。

第四种,可视化教学理念。

可视化是运用计算机图形学或一般图形学的原理和方法,将数据转换为图形、图像,以直观的形式表示出来的理论、方法和技术。[②] 利用可视化技术将知识可视化、数据可视化、思维可视化,能够将学科教学过程中复杂抽象的知识和思维过程的逻辑关系简单、形象地表现出来。智慧课堂教学应有效结合各种智能技术及设备,将知识、数据、思维尽可能地可视化,进而促进学生思维的深度发展。

---

① 谢幼如、杨阳、柏晶等:《面向生成的智慧学习环境构建与应用——以电子书包为例》,载《华南师范大学学报(自然科学版)》,2016,48(1)。

② 潘云鹤:《计算机图形学——原理、方法与应用》,北京,高等教育出版社,2002。

第五种，分层教学理念。

教师根据学生的学习水平和能力的不同，开展不同层面的教学活动，并针对不同发展层次学生的需求给予相应的学法指导，有利于达到全体学生全面发展的教学目标。根据差异性原则提出的分层教学法，是解决因材施教的个体性与班级授课制的集体性之间矛盾的有效途径。在智慧课堂教学中，可轻松实现学生分层、授课分层、辅导分层、作业测试分层，促进学生整体发展。

第二节 教学问题与教学目标的分析

教学问题是指教学中遇到的实际问题。教学目标是指教学活动实施的方向和预期达成的结果。教学问题是教学活动的核心，没有问题的存在，教学就无法进行。教学目标是一切教学活动的出发点和最终归宿。因此，开展智慧课堂教学之前，需找准实际教学问题，对症下药，明确教学目标，有效解决问题。

一、 教学问题的分析

教学问题是教学活动的核心，任何教学技术手段都为解决教学问题服务，明确教学问题需要从以下两个方面来考虑。

第一，教学目标。

教学目标是整个课堂教学的指向标，关系着教学过程的成败，也决定着教师对教学资源的选择和教学方法的应用，其重要性不言而喻。教学问题与教学目标相互依存，明确教学问题的根本在于确定适宜的"三维目标"，即知识与技能、过程与方法、情感态度与价值观。"三维目标"是全体学生都能达到学习要求，是解决教学问题的基础条件与前提。除此以外，所有教育活动的最终指向是人，即培养全面发展的人。因此，在教学过程中应以人为本，立足于学习者的长远发展。

第二，教学重点难点。

教学重点是指学生必须掌握的基础知识和基本技能，教材的知识技能体系，具有相对稳定的内在逻辑联系，这就决定了教学重点同样也具有相对的稳定性。而教学难点是学生不易理解的知识，或不易掌握的技能技巧，主要取决于教师和学生的素质能力。

值得注意的是，教学重点不一定是教学难点，教学难点也不一定是教学重点。在分析重难点时，要依据课标和教材以及学生实际情况确定教学重点和教学难点，从真正意义上明确教学目标，解决教学问题。在开展智慧课堂教学时，除了明确教学问题以外，还需注意遵循以下几点原则。

一是把教改课改放在信息时代大背景下来设计和推进。随着"互联网＋"时代的到来，传统课堂教学已经不能满足现代教学的需求，因此，要立足于时代的变革与呼唤，将教育改革和课程改革与信息技术结合起来推进。

二是融入学科核心素养。课堂教学要与学科特点相结合，融入学科核心素养，如语言建构与运用（语文）、逻辑推理（数学）、语言能力（英语）等。

三是突出"深化应用、融合创新"。信息技术应用的目的是为了解决教学实际问题，要把技术用在刀刃上，不能为了技术而技术，这样不仅课堂效果收效甚微，还造成了资源浪费，带来不必要的损失。

对教学问题进行分析是开展智慧课堂教学前最重要的一步，它关乎教学目标和教学重难点的确立，也决定着利用怎样的智慧环境来支持教学，从教学本身出发，有的放矢，才能达到智慧优化的效果。

→ 案例分享

案例一：小学数学《三角形的分类》第一课时教学问题的确定

《三角形的分类》是义务教育教科书人教版数学四年级下册第五单元的教学内容，本课是《三角形的分类》第一课时，这部分内容是在学生认识了三角形特征的基础上进行的。

首先，我们确定本节课的知识点。本节课的知识点包括以下几点。

1. 三角形的分类：三角形按角分，可分为锐角三角形、钝角三角形和直角三角形三类；按边分，可分为不等边三角形和等腰三角形（等边三角形是特殊的等腰三角形）。

2. 三角形之间的关系：锐角三角形、钝角三角形、直角三角形的关系；不等边三角形、等腰三角形、等边三角形的关系。

3. 特殊三角形的特征：直角三角形、等腰三角形、等边三角形的特征。

其次，我们根据确定的知识点，梳理出本节课的教学目标。

◆ 知识与技能

1. 学会分别依据角和边对三角形进行分类。

2. 理解三角形之间的关系。

3. 掌握特殊三角形的特征，并能辨别不同的三角形。

◆ 过程与方法

1. 掌握三角形的分类准则和分类方法。

2. 利用电子书包开展合作探究，提升探究学习能力以及分类、概括和推理能力。

3. 经历三角形分类、关系及特征的探索，体会分类、特殊与一般的思想方法。

◆ 情感态度与价值观

1. 通过合作探究活动，增强合作意识、探索精神。

2. 通过师生、生生交流与小组活动，体验分类数学思想，提升数学思维水平，感受数学的价值和魅力。

最后，我们根据教学目标，确定本节课的教学问题。

本课的教学问题是通过探究三角形的分类，让学生在探究过程中不断体验分类的思想，明确分类的原则是在统一标准下，不重复也不遗漏。

❖ 教学重点

掌握按角和边对三角形进行分类

❖ 教学难点

1. 学会按边给三角形分类。

2. 掌握三角形特征，辨析各种三角形。

案例二：初中数学《二元一次方程与一次函数》第一课时教学问题的确定

《二元一次方程与一次函数》是义务教育课程标准试验教科书北师大版数学八年级上册第七章第六节第一课时内容，是"用函数观点看方程（组）"的第一节课，这部分内容是在学生认识了一次函数、一元一次方程、二元一次方程组的基础上进行教学的。

首先，我们确定本节课的知识点。本节课知识点包括以下几点。

1. 二元一次方程与一次函数的关系：①每个二元一次方程都可对应一个一次函数，也就是对应一条直线。②直线上的每个点的坐标都是对应的二元一次方程的解。以二元一次方程的解为坐标的点都在对应的直线上。

2. 二元一次方程组的解与一次函数图像的交点的关系：一般地，二元一次方程组大多是由两个二元一次方程组成的，它只有一个解，显然这个解就是相应两个一次函数图像(直线)的交点坐标。

其次，我们根据确定的知识点，梳理出本节课的教学目标。

◆ 知识与技能

1. 理解二元一次方程(组)与一次函数的关系。

2. 能利用函数图像写出二元一次方程组的解，能通过解方程组求直线的交点坐标。

◆ 过程与方法

1. 探究一次函数与二元一次方程(组)关系，学会用函数的观点去认识问题。

2. 体会转化、数形结合及特殊与一般的数学思想方法。

◆ 情感态度与价值观

1. 通过探究活动，养成严谨的学习态度。

2. 通过师生、生生交流与小组活动，感受学习的乐趣，体验数学的价值和神奇。

最后，我们根据教学目标，确定本节课的教学问题。

本课的教学问题是：通过探究二元一次方程(组)与一次函数的关系，让学生体验数形结合的思想和函数思想，以及从特殊到一般的思想方法，发展几何直观思维，为下面学习一次函数的应用以及二次函数与一元二次方程的关系打下坚实的基础。

❖ 教学重点

理解二元一次方程(组)和一次函数的关系。

❖ 教学难点

通过数形结合和转化的思想意识，准确理解并清楚地表达二元一次方程与一次函数的关系。

二、　教学目标的设计

教学目标是教育教学中非常重要的一部分，它指向教学的预期成果，对教学媒体的选择、教学策略的应用、教学结构的规划以及教学评价的设计等产生重要影响。它为学生学习指明了方向，而且教学目标的达成可以激发师生的教学和学习热情，促进教学效率的提高。此外，教学目标可以作为教学效果的评价标准，并对教学效果分析归因并及时修正教学。

（一）教学目标设计依据

教学目标的设计需要综合考虑多方面因素，社会需求、学习者特征和教学内容是影响教学目标设计的三个主要因素。

教育最基本的目标是为社会培养所需的人才，在智慧课堂教学设计中，教学目标理应与当前的社会需求紧密联系，满足信息社会对人才的需要。

学生在不同的年级阶段其认知风格和学习特点均有不同。在确定教学目标时，要先分析学习者的特征，明确学习者的学习期望和基础水平，运用适当的方法来确定学生关于当前所学概念的原有认知结构和原有认知能力，并将它们描述出来，以便进行更有针对性的教学。

教学内容是知识的载体，是教学活动进行的关键，教学目标的设计要考虑到教学内容的特征，做到有利于教学内容的拓展和文化的传承。

（二）教学目标设计方法

教学目标的设计步骤通常包括前端分析、明确教学目标、表述教学目标三个步骤。

1. 前端分析

前端分析是对社会需要、学习者特征和教学内容进行综合分析，是教学目标设计的基础。针对社会需要，可以通过分析 21 世纪人才的核心技能，了解社会对人才的需求，总结学生所需具备的核心素养。对于学习者的特征，教师可以通过观察、访谈、测试等方式确定学习者的学习风格、兴趣爱好、认知水平等。教学内容特点的分析是对配套的资源进行重难点、组织方式等的分析。经过前端分析可以确定教学的起点以及教学的发展方式等。

2. 明确教学目标

根据社会需求、学习者的特征及需要，结合教学内容的特点，明确事实、概念、技能、原理、问题解决等不同类别的教学内容所对应的识记、理解、运用、分析、综合和评价等不同层级目标，进而从知识与技能、过程与方法、情感态度与价值观、信息素养等方面明确教学目标。

3. 表述教学目标

明确教学目标后，必须对学习者通过每一项从属知识、技能和情感态度等的学习以后应达到的结果作出具体而明确的表述，从而确保为后续的教学策略设计和教学评价分析提供科学依据。常用的教学目标表述方法有"行为目标的ABCD表述法"和"内部过程与外显行为相结合的表述法"。[①]

智慧课堂教学应将教改、课改放在信息时代大背景下来设计和推进，教学目标的设计除需要考虑"三维"目标外，还应结合当代社会需求，融入学科核心素养，并突出"深化应用、融合创新"，强调信息技术应用，以解决教学中的实际问题。如针对语文学科，强调学生语言建构与运用能力的培养；针对数学学科，注重学生逻辑推理能力的形成；针对英语学科，侧重语言能力的训练等。

根据"生成论"的教学观，"目标"的价值在于定向，即明确教学过程中师生行为的性质和方向。目标既不是精确的，也不是预先设定的，目标应是一般性的、生成性的，从而鼓励创造性的、互动的转变。因此，教师在开展智慧课堂教学中，除了要考虑教学的既定目标之外，还要关注在教学中生发出来的生成性目标。[②] 生成性目标在活动中形成，并且与活动统一；它强调的不是具体的、细致的行为目标，而是一般的概略性目标，需要教师宏观把控，并根据教学实际情境作出相应的调整。由此可见，在智慧课堂环境下，开展智慧课堂教学，不仅要关注预设性教学目标，也要重视生成性教学目标，体现了人文主义的教学思想，有助于教学功能的发挥和教学价值的实现，最终促进学习者的发展，

---

① 谢幼如、尹睿：《网络教学设计与评价》，103～108 页，北京，北京师范大学出版社，2010。

② 李祎：《从"预成论"到"生成论"——教学观念的重要变革》，载《全球教育展望》，2006，35(5)。

培养全面发展的人。

→ **案例分享**

案例三：小学音乐《音乐创作——运用重复、对比的创作手法》第二课时的教学目标

首先，我们确定的教学问题是：学生在此之前已经学习过音乐的节拍知识，了解了节拍在音乐创作中的重要地位，并且在学习过程中体验了歌词的创编方法，但对创作手法没有系统的认识与归纳。

接着，我们设计的教学目标如下：

◆ 知识与技能

1. 能够了解"完全重复""不完全重复"和"对比"的音乐创作手法。

2. 能初步理解、学习规范记谱。

3. 能初步运用"重复"和"对比"的音乐创作手法，并创作出 4 个乐句。

◆ 过程与方法

1. 能够与他人进行互动交流，表达自己的想象。

2. 能运用对比、视谱、歌唱等方法，探索出音乐创作的规律。

3. 通过参与互动交流和汇报，提升学生表达能力与合作能力。

4. 通过使用歌曲创作软件，培养学生的创新能力与生成能力。

◆ 情感态度与价值观

1. 通过学习和创作，促进学生养成善于聆听、乐于观察的好习惯，提高审美能力。

2. 通过合作探究活动，增强学生的合作意识、探索精神。

3. 通过歌曲创编活动，培养学生的创作意识。

案例四：小学数学《100 以内的加法和减法(二)》复习课的教学目标

通过了解重难点，我们确定的教学问题是：学生在此之前已经学习过 100 以内的加减法，初步建立了 100 以内加减法的计算认识，但计算方式方法掌握得不够娴熟，计算时容易出错，教师需引导归纳巩固。

根据教学问题，我们确定教学目标如下。

◆ 知识与技能

1. 能够快速、正确地计算出 100 内的加减法的运算结果。

2. 能够熟练说出 100 以内加减法的运算规则和运算顺序。

◆ 过程与方法

1. 能够运用思维导图进行归纳总结。总结归纳出 100 以内加减法运算的相关规律，提高学生的动手实践能力。

2. 通过任务驱动分步解决问题，提高学生的逻辑思维能力。

3. 利用网络学习空间的错题本等工具进行学情诊断，智能推送相关资料，提高学生学习的迁移能力和协作学习能力。

◆ 情感态度与价值观

1. 在网络学习平台中建立错题本，对错题进行及时精准的查漏补缺，培养学生形成及时反思、总结的意识。

2. 通过探究互动，养成严谨的学习态度。

3. 通过交流互动，感受数学的魅力，体验数学的价值和神奇。

拓展资源 3-1：《100 以内的加法和减法 (二)》复习课教学设计方案

扫一扫，认真学习小学数学《100 以内的加法和减法 (二)》复习课教学设计方案，体会教学目标设计的具体过程和方法。

第三节 教学策略的设计

教学策略是指在不同的教学条件下，为达到不同的教学目标所采用的方式、方法、媒体的总和，具有综合性、可操作性、灵活性等特征。

一、智慧课堂的教学策略

智慧课堂的教学策略，是在智慧教育理念的指导下的课堂教学策略。与传统教学策略有所不同的是，智慧课堂能充分利用信息技术的优势和特点，为学生学习和教师教学创设有效的环境、提供优质的资源和强有力的学习工具的支撑。下面将对几种适用于智慧课堂教学的教学策略做简要介绍，便于教师根据实际需要选择并综合运用各种策略，开展有效教学。

第一种，情境启发策略。

情境启发策略是指在教学过程中，利用情境的真实性激发学生的内在动机，引导学生积极思维的教学策略。智慧课堂为情境启发提供了支撑平台和服务环境，利用无线网络和智能终端及设备，教师和学生可以随时随地上网，获取无限丰富的网络资源和媒体素材，教师还可以利用丰富的网络资源和媒体素材创设生动的、可视化的学习任务情境，激发学生学习和探究的兴趣。

第二种，个性化学习策略。

个性化学习是指向每个学习者的自我发展，使学习者能够按照适合自身特点的学习方法、内容、进程进行学习活动的一种方式。[①] 个性化学习策略的基本过程为：明确学习任务—提供学习资源—选取个性化方式—完成学习任务—展示交流反馈。在这个过程中，智能设备可以推送形式多样、交互性强、个性化的学习资源，支持师生、生生、生机的多维互动，提供实时检测反馈和个性化指导，支持学习过程动态监控，支持学习成果的积累、共享和互评。

第三种，协作学习策略。

协作学习策略是指利用智能设备由多个学习者针对同一专题内容彼此交互和协作，互相促进，以达到对教学内容有比较深刻的理解与掌握的一种教学策略。常见的协作学习策略包括讨论策略、角色扮演策略、竞争策略、协同策略、伙伴策略和设计策略。在课堂中，教师运用智能设备创设情境提出问题，学生利用智能设备，通过交互、讨论、协商、辩论等形式在小组中发表观点，形成学习成果，并通过智能设备进行实时上传，实现小组之间学习成果的共享和互评。

第四种，分层教学策略。

分层教学主要是根据学生的差异性有所区别进行施教，鼓励学有余力的学生自主个性发展，而一般学生则主要关注其知识达标和纵向对比的自我进步。

---

① 王芹磊、谢幼如：《电子书包支持下问题导向的个性化学习模式探究》，见《计算机与教育：实践、创新、未来——全国计算机辅助教育学会第十六届学术年会论文集》，中国人工智能学会计算机辅助教育专业委员会，2014。

利用智能设备的学习分析功能，教师可以快速了解学生的学习情况，并依此对学生进行分层，针对不同层次的学生推送不同的学习资源，实现教学目标的动态达成。

二、 智慧课堂教学策略的设计

教学策略是在教学目标的指向下，解决教学问题的方式、方法、媒体的总和，可见，为了更好地解决教学问题，促进教学效率的提升，在设计教学策略时，应使教学策略具备目标指向性、概括性、可操作性与灵活性特点。[①]

第一，目标指向性。

从教学策略的含义中可以看出，教学目标是教学策略制定的依据，是评价教学策略有效性的标准。任何教学策略都指向具体的问题情境、教学内容和教学目标，因此，要根据具体的教学情境、教学内容、教学目标设计教学策略，这样教学策略才能发挥其功用，不存在普适性的教学策略。

第二，概括性。

在教学过程中，教学策略是作为解决具体教学问题的手段而存在的，它在一定程度上反映了教学过程，但是教学策略注重教学活动的主要环节，因此，在进行教学策略的设计时要注意其概括性。

第三，可操作性。

教学策略是为解决教学问题存在的，不是对问题的抽象说明，它要在具体的教学活动中转化为教师与学生的行为，它包括教学活动的程序、基本环节、方法和手段等。因此，教学策略的设计要注重其可操作性。

第四，灵活性。

教学策略的设计要注意其灵活性，教学过程是处在一个动态的发展过程中，因此，教学问题也处在不断的变化中，教学策略与教学问题不是绝对的一一对应关系，教师应根据教学的实际情况，设计多种教学策略，并根据教学反馈，对教学策略作出适时调整。

设计智慧课堂教学策略，应聚焦课堂教学问题，达成课堂教学目标，合理

① 李森：《现代教学论纲要》，241~242页，北京，人民教育出版社，2005。

选用媒体和技术，既要切合实际有效落地，又要突出技术优势，解决在传统教学中无法应对的弊端。

下面将通过两个案例说明智慧课堂教学策略的设计。

(→) 案例分享

案例五：小学英语《Module 3 Unit1 Do you like bananas?》教学策略的设计

本节课的教学目标如下：

◆ 知识与技能

1. 能够理解和听说单词 banana，apple，orange，milk，ice cream，fruit milkshake；

2. 能在课文语境下初步理解和使用句型 Do you like …? Yes，I do. /No，I don't；

3. 能够听懂并初步理解对话内容并能在实际情境中运用句型。

◆ 过程与方法

1. 通过游戏，运用句型"Do you like bananas?""Yes，I do. /No，I don't."询问他人的喜好；

2. 借助智慧课堂平台自由跟读课文，模仿录音的语音语调，培养自主学习能力；

3. 通过小组合作，运用所学知识，询问他人的喜好，完成调查表。

◆ 情感态度与价值观

1. 通过形式多样的活动树立学生的自信心，培养学生之间的合作意识；

2. 鼓励学生大胆表达自己真实的意愿，并能询问他人的喜好。给学生渗透食用适量的水果有益健康的教育；

根据本节课的教学目标，我们可以梳理出本节课可以使用情境启发策略、个性化教学策略、协作学习策略。

1. 教师在课中创设自主学习情境。首先，教师重点讲解课本中"Do you like bananas?""Yes，I do"句型，随后教师根据课本中的图片创设情境，设置"两个小朋友一起回家，回家后会发生什么故事?"引导学生自学课文。

2. 教师在课中引导学生个性化自学。随后，学生可以利用自己的电子设备，登录智慧学习平台个性化自学，个性化听读，跟读课文。同时教师巡堂，有针对性地解决学生的问题；

3. 教师在课中引导学生协作互学。教师引导学生在课中创设的情境中开展协作学习，应用所学句型创编新的对话。小组内不同成员担任不同角色，利用智慧学习平台实现群体知识建构和生成，从而达成教学目标。

拓展资源 3-2：《Module 3 Unit 1 Do you like bananas?》教学设计方案

扫一扫，认真学习小学英语《Module 3 Unit 1 Do you like bananas?》教学设计方案，体会教学策略设计的具体应用。

⊙ 案例分享

案例六：高二化学《醇酚——醇的化学性质》教学策略的设计

学生在必修 2 中已经对醇的知识有所了解，本节课的内容主要是知道乙醇是醇的典型代表物，并分析在不同反应中官能团的断键方式。基于对教学内容的分析，确定本节课的教学目标如下。

◆ 知识与技能

1. 知道乙醇是醇的典型代表物，通过乙醇认识醇的化学性质；

2. 能通过对乙醇化学性质的微观分析，分析乙醇在不同反应类型中官能团的断键方式。

◆ 过程与方法

1. 通过自主学习与合作学习，培养问题意识和思考能力；

2. 通过观察与思考，培养观察、比较、分类、归纳等能力。

◆ 情感态度与价值观

1. 提高学习化学的兴趣，感受化学世界的奇妙与和谐；

2. 培养参与化学科技活动的热情。将化学知识应用与生产、生活的意识，关注与化学有关的社会热点问题，培养可持续发展的思想。

根据本节课的教学目标，我们可以梳理出本节课可以使用复习导入教学策略、探究式（体验式）教学策略。

1. 教师在课中通过复习旧知导入新课的方式。学生利用电子书包复习乙醇与金属钠的反应方程式，基于此推理预测乙醇发生消去反应产生的产物，并写出乙醇在铜或银的催化条件下与氧气反应的化学方程式。

2.教师在课中引导学生在观看实验演示的基础上进行体验式学习。化学是一门动手实验的学科，尤其是在物质化学性质的认识部分，更需要学生动手操作，亲身体验化学反应的过程。首先，学生在观摩教师演示乙醇消去反应实验的基础上，思考乙醇消去反应的产物同时听教师讲解乙醇的断键过程，验证自己之前的推理预测。其次，学生自己动手操作，亲身体验乙醇与浓氢溴酸的化学反应，小组合作共同探讨乙醇的氧化还原反应，深切感受乙醇的化学性质。

可以看出，教学策略的设计上承教学目标，下启教学过程，在课堂教学中具有十分重要的地位。特别需要注意的是，教学策略的设计不是越多越好，将所有教学策略全部用在一堂课中也不妥当，我们应该根据教学目标确定教学策略，并在教学过程设计中调整和融入教学策略，做到"润物细无声"。

第四节 教学结构的设计

教学结构的设计可以帮助我们从整体上去综合认识和探讨教学过程中各种因素之间的关系及其多样化的表现形态，有利于我们从动态的角度去把握教学过程的本质和规律，在指导教学实践和理论研究上都具有十分重要的意义。

一、 智慧课堂的教学结构

教学结构是指在一定的教育思想、教学理论和学习理论指导下，在一定环境中展开的教学活动进程的稳定结构形式，是教学系统四个组成要素（教师、学生、教材和教学媒体）相互联系、相互作用的具体体现。[1]

教学结构具有如下五种基本属性。[2]

---

[1] 何克抗：《网络教学结构与网络教学模式探讨》，http://www.edu.cn/20010918/3002066.shtml，2016-07-24。

[2] 谢幼如：《信息技术与小学课程整合》，6页，北京，高等教育出版社，2007。

第一，依附性。

它强烈地依附于教育思想、教学理论和学习理论。换句话说，用不同的教育思想、教学理论和学习理论指导就必然形成不同的教学结构。策略与方法对于思想、理论不一定有这种依附性，同一种教学策略、教学方法可以在不同的教育思想、教学理论和学习理论指导下的不同教学活动中采用。这种对思想和理论的依附性是区别教学结构与教学策略、教学方法的最本质特性。

第二，动态性。

教学结构是"教学活动进程"的稳定结构形式，这里强调的是"进程"，即必须是在教学活动进程中表现出来的稳定结构形式才是我们所说的教学结构，脱离"进程"就无所谓教学结构。而策略与方法就是不在教学活动进程中也能表现出来，例如教学内容的组织策略与组织方法以及教学资源的管理策略与管理方法，就完全可以脱离教学进程而独立存在。换句话说，教学策略与方法在很多情况下是静态的而不是动态的，这是区别教学结构与教学策略、方法的又一本质特性。

第三，系统性。

教学结构是由教学系统的四要素（教师、学生、教学内容、媒体）在教学活动进程中相互联系、相互作用而形成的稳定结构形式，离开教学系统的四个要素就不可能具有这种结构形式。所以教学结构是教学系统整体性能的体现，而不是教学系统局部性能的体现，更不是其中某一个要素的个别特性或某几个要素的若干种特性的体现。所以，教学结构与教学系统的整体性能相联系。

第四，层次性。

由于教学结构是由四个要素相互联系、相互作用而形成的，四要素中的"教学内容"则与学科有关，因此在不涉及学科具体内容的场合，我们可以讨论不同学科共同遵循的"总教学结构"。若是要涉及学科的具体要求内容则应分别考虑不同学科的"子教学结构"或同一学科内不同教学单元甚至是某节课的更低层次的"子教学结构"，从而表现出教学结构的层次性。对于教学设计来说，通常是涉及某个教学单元或是某节课的设计，因此需要考虑的是某个教学单元或某节课的子教学结构设计。

第五，稳定性。

课堂教学系统是由教师、学生、教学内容及教学媒体等要素组成的。根据系统科学理论，要使课堂教学取得好的教学效果，必须注重教师、学生、教学内容及教学媒体这些要素之间的相互联系，以形成最佳的组织结构，因此，需要对课堂教学进行结构设计。

二、 智慧课堂教学结构的设计

课堂教学结构包括两方面的含义，即各要素的时间关系和空间关系。各要素的时间关系主要是指教师与学生进行教学活动的先后顺序，即教学程序、教学步骤、教学过程等；各要素的空间关系则主要是指教学内容的层次关系、课堂教学的逻辑关系等。课堂教学结构的这种空间关系，更能体现课堂教学的模式和教学方法，所以，课堂教学结构的设计与研究，是探索课堂教学模式的基础。

教学过程是教学活动的启动、发展、变化和结束在时间上连续展开的程序。智慧课堂教学过程就是在教学理念指导下，将教学内容、师生活动、信息技术应用等进行有机组织。智慧课堂教学过程结构的设计必须考虑教师的主导活动、学生的参与活动、教学内容的组织、智能设备的运用等方面以及它们之间的相互联系。另外，由于形成性练习在课堂教学中的特殊作用，在设计课堂教学结构时也要加以考虑。

智慧课堂教学过程结构的设计要体现学科教学规律与特点，确保教学结构设计完整，教学活动设计翔实，师生互动过程流畅。其具体方法主要包括以下五个步骤。

第一步，确定主要教学环节。设计主要教学环节时，需紧密联系课型、教学目标、教学重点难点、学习者特征等，确定教学主线。另外，设计的教学环节要能清晰体现教学理念。

第二步，组织教学内容知识结构。教学内容知识结构是各个知识点的相互关系及其联系，教学内容知识结构的设计要清晰、完整、逻辑性强。教学内容的组织方式要灵活地选择和应用，如专题方式、知识点逻辑顺序组织、教材内容顺序组织等。另外，教学内容的呈现方式要综合考虑学习者的特点、教师的特征以及学校的实际情况。

第三步，设计师生的主要活动。教师的引导活动主要有：创设情境、激发动机、提出问题、资源推送、引导思考、总结归纳、评价分析、解答疑问、强化记忆、促进迁移等。学生的参与活动主要有：注意观察、实际操作、讨论争辩、动作模仿、练习巩固、创作提升、积极思考（如判断、辨别、比较、分析、综合）等。

第四步，融入智慧技术的运用。在智慧课堂教学中，智能技术的运用是一个关键的问题，尤其是教师和学生持有的智能设备。智能技术的运用是指针对教学实际问题，在教学理念的指导下，深化信息技术在学科教学中的应用，突破教学重点难点，重组教学结构，再造教学流程，提升教学质量。通常智能技术的运用是结合具体的教学内容进行的，可以采用多种方式将教学内容与智能技术运用结合起来。

选择信息技术设备和资源：依据教学问题和学习者特征，合理选择信息技术设备和数字教学资源种类和表现形式。

获取或开发教学资源：教师可从国家教育资源公共服务平台等获取数字教学资源；对于有特殊或针对性需求的资源，教师可采用自建、共建共享的方式获取数字教学资源。

创新应用环境和资源：针对教学实际问题，依据具体的教学理念，深化应用环境和资源，改进教学方法、创新教学模式，全面形成课堂信息化教学应用的新常态。

第五步，设计课堂教学结构流程图。为使课堂教学中教师、学生、教学内容及教学媒体等具有有机联系，形成最佳的课堂教学结构，可以借助可视化工具（如 Inspiration），设计课堂教学结构流程图并作为实施课堂教学活动的蓝图。

⊙ 案例分享

案例七：人教版小学语文三年级下册《月球之谜》第二课时教学过程结构的设计

本节课主要通过两条主线来演绎这篇课文，解决教学重点难点。一条主线是阅读线，主要资料交流、古诗句积累和想象等手段，帮助学生较好地理解文

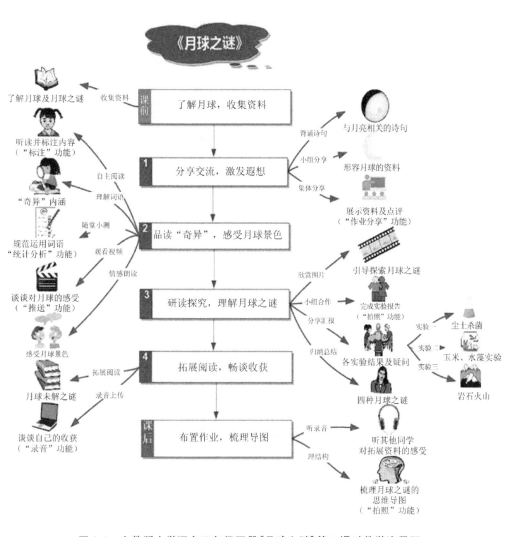

图 3-1　人教版小学语文三年级下册《月球之谜》第二课时教学流程图

本内容，有感情地阅读课文；一条主线是探究线，主要帮助学生理解月球之谜，并提出自己的疑问。

　　这节课的教学流程主要是：课前做预习准备，让学生收集关于月亮和月球之谜的资料，上传到智能平台。

　　课中包括以下四个部分。

　　第一部分：分享交流，激发遐想。让学生欣赏月亮的图片，复习第一课时积累的诗句，集体分享通过智能平台的"作业分享"功能，展示成果。

　　第二部分：品读"奇异"，感受月球景色。这部分根据个性化学习理念，培养学生学习的独立性和自主性。如让学生自由学习第二自然段，理解"奇异"，规范运用词语。然后运用智能平台的"即时反馈"功能进行随堂检测，对学生的学习情况进行统计分析。再次通过观看视频，谈谈对月球的感受，有情感地阅读文段，充分理解奇异之处。

第三部分：研读探究，理解月球之谜。这部分是以探究性学习理念作指导，通过质疑、发现问题；研究、解决问题等进行探究性学习活动。如引导小组合作完成实验研究报告，使学生在探索中学会质疑，提出自己的想法和问题，并探索出月球之谜。然后借助智能平台的"拍照"功能，把实验研究报告书拍照上传到平台，其他小组进行评价。各小组再进行分享汇报，最后归纳总结课文所涉及的四种月球之谜。

第四部分：拓展阅读，畅谈收获。该部分主要通过智能平台"作业分享"功能分享汇报课前所收集的月球之谜，并谈谈自己的收获，然后通过平台录音上传与同伴分享。

最后是布置作业。让学生到平台听听同学的收获，梳理月球之谜的思维导图。

本课融合信息技术，包括自由听读、标注课文内容；统计分析，检测词语规范应用；进行资源推送，播放视频；拍照上传，实现互动互评；分享录音，畅谈收受等，既激发了学生的阅读兴趣，也检测了学生的理解情况，还帮助提供了拓展资源，更帮助解决了重难点问题，达到了教学目标。

拓展资源3-3：《月球之谜》教学设计方案

扫一扫，认真学习小学语文《月球之谜》教学设计方案，体会教学结构设计的具体应用。

→ 案例分享

案例八：人教版小学数学一年级下册《整十数加一位数及相应的减法》第一课时教学过程结构的设计

该节课的设计主要分为五大环节：

第一环节：激趣导入，引入新课。首先，利用平板让学生进行《计算 PK 赛》，一方面激发学生学习的兴趣，增强信心，另一方面温故知新。其次，揭示

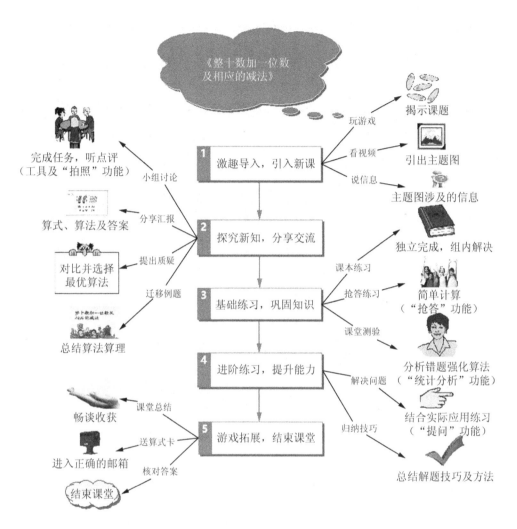

图 3-2 人教版小学数学一年级下册《整十数加一位数及相应的减法》第一课教学流程图

课题《整十数加一位数及相应的减法》，引发学生探索新课内容的好奇心。再次，以融入学校的书法特色元素的视频切入购物情境的主题图，激励学生发现问题。最后，在师生的互动中解决主题图的关键信息，自然进入到第二环节。

第二环节：探究新知，分享交流。本节课紧扣课标要求，采用小组合作的形式开展教学，给学生提供充分的时间和空间，根据合作任务，进行说一说、写一写、算一算等实践操作。包括自主探究，利用智能平台的摆小棒功能、计数器实物等工具计算答案，充分体现学生计算方法多样性；也包括合作交流，汇总计算方法并拍照上传，呈现小组的讨论结果，提高课堂的反馈效率。另外，也进行交流汇报，学生发表不同的算法意见，通过生生质疑，找到最优的算法。

整个知识的发生—过程—结论几乎均为学生自主、合作探索而得，学生是课堂的主人，教师适当启发、引导、点拨，进而解决教学重难点。

接下来进入到练习部分。课堂练习是使学生掌握知识、形成技能、培养学生运用知识解决实际问题的有效手段，是学生学习数学的重要环节。本节课根据学生具体情况以闯关游戏方式设计了两组有针对性的梯度练习：基础练习和进阶练习。

第三环节：基础练习，巩固知识。其中包括三组过关练习：第一关，我是列式高手。该部分回归课本，学生以小组为单位进行交流评析，教师给出最后答案进行核对，体现学生的自主、合作学习能力；第二关，我最快，进行起立抢答。学生快速抢答，跃起学习的热情，抢答完毕后，引导学生观察计算题，进行新旧知识的对比，加深学生对新旧知识的掌握与理解；第三关，计算我最棒。通过智能平台以作业形式发送计算题，进行课堂测评，它通过数据真实反映学生做题情况。教师根据数据情况深度分析，评讲错题，强调关键知识点，巩固算法算理。

第四环节：进阶练习，提升能力。其中包括两组练习：第一组，我是会计师：这是一道带有趣味性的培优练习，使学生明白数学来源于生活，生活也离不开数学，变枯燥的练习为有趣的生活问题，让学生意犹未尽；第二组，我是设计师：这是一道设计性的练习，可充分体现出学生学习的层次性，训练学生审题能力，融合新旧知识，拓展延伸，培养学生发散思维以及解决问题的能力。

第五环节：游戏拓展，结束课堂。该环节让学生体验做邮递员的乐趣，是课本练习——《烤玉米》的改编。学生是以游戏的方式进入课堂，也以游戏的方式结束课堂，旨在让学生保持对数学课堂的热爱。

本课融合信息技术，包括播放视频，创设情境；摆小棒，提供工具；拍照上传，实现互动互评；统计分析，检测学习情况；抢答计算，激发热情；分层练习，实现拓展提升等，既实现了学生对算法算理的理解计算，也检测了学生的知识巩固情况，解决了教学重难点，达到了预期教学目标。

第五节　教学评价的设计

教学评价是指在教学过程中收集一定的信息，并依据一定的标准对教学目标的实现程度进行评价的活动。教学评价对教学活动具有能动的反映性，它可以作为教学活动改进的依据。

一、智慧课堂的教学评价

智慧课堂教学评价是指在智慧课堂中，以培养具有高智能和创造力的人才为目标，借助新兴智能信息处理技术与工具，采用相应的评价方法，对智慧课堂中教与学的过程及其结果进行测量，并作出科学精准的价值性判断的过程。

目前许多学者对于智慧课堂教学评价的研究较为广泛，并逐步深入。北京师范大学的牟智佳根据大数据技术的模块构成和电子书包（构建智慧课堂的智能设备）所包含的系统和功能，从课程内容学习、参与互动交流、考试与作品和课外资源学习等方面构建基于教育大数据的个性化学习评价模型，以此保证学习评价的客观性和科学性，并根据每个学生的个性特征和学习行为识别出其在学习活动和任务的完成情况，便于教师更多地洞察学生的思维，从而调整教学。[①]

华中师范大学陈敏等则从泛在学习特征与需要出发，设计并实现适合泛在学习的基于过程性信息的个性化学习评价系统，他将学习者在学习过程中产生的各种过程性信息分为五大类。即学习态度类、学习活动类、内容交互类、资源工具类、评价反馈类，并将其作为评价的五大维度[②]。

东北师范大学庞敬文等分析了智慧课堂支持深度学习的应用特点，构建了信息化教学评价维度，并利用专家评判法对评价维度进行了修订和完善，设计了深度学习视角下智慧课堂的评价指标，为评价智慧课堂教学提供了良好视角

---

① 牟智佳：《电子书包中基于教育大数据的个性化学习评价模型与系统设计》，载《远程教育杂志》，2014，32(5)。

② 陈敏、杨现民：《泛在学习环境下基于过程性信息的个性化学习评价系统的设计与实现》，载《中国电化教育》，2016(6)。

和便捷①。

我们从学科教学对学生的能力培养角度，对构建智慧课堂的电子书包应用效果进行分析，即从口语交际能力、口语成绩和学生学习态度三方面对电子书包在初中英语口语交际能力培养的效果进行分析②。

智慧课堂教学评价的智慧之处主要表现在以下三个方面。

第一，采用新兴智能信息处理技术。与传统教学的批改方式不同，智慧课堂教学评价主要依托学习分析技术，提取出隐含的、有潜在应用价值的、涉及"教与学"或"教学管理"的过程及行为的各种信息、知识与模式，从而为教师的"教"、学生的"学"以及教学管理提供智能性的辅助。

第二，作出科学精准评价。智慧课堂借助信息技术对学生的相关数据进行分析，从而精准定位学生学习的兴趣点、学习方式以及遇到的困难，为"以学定教"提供重要的依据，提升教学针对性。

第三，提供智能学习决策。学生的个体能力、成长环境、受教育程度等多方面都具有一定的差异性，所以学生的学习能力总会有所偏差。而在信息技术支持下的智慧课堂，能将学生的学习情况进行智能化的记录分析，通过学习仪表盘等技术可视化出来，让教师能更全面地把握学生能力及知识掌握情况，有的放矢，直击要害，在教学过程中满足更多学生的个性化需求，也使学生自我关注，自我调节，从而找到最适用于自己的学习方式方法，实现个性化学习。

二、 智慧课堂教学评价的设计

教学评价的过程可划分为三个阶段：评价准备阶段、评价实施阶段、评价结果的处理阶段。评价准备阶段包括确定评价目的、分析评价内容、选择评价方法；评价实施阶段包括制定评价标准、收集评价数据；评价结果的处理阶段主要是指分析数据，得出结论，形成评价报告，并反馈评价意见，再修改完善教学。

---

① 庞敬文、张宇航、唐烨伟等：《深度学习视角下智慧课堂评价指标的设计研究》，载《现代教育技术》，2017，27(2)。

② Xie Y, Sun N, Mei X, et al. Research of English Oral Communication Ability Cultivating Model in Junior Middle School Based on E-Schoolbag. International Conference of Educational Innovation Through Technology. IEEE，2015.

(一)评价准备阶段

教学评价准备阶段的设计主要包括以下几个步骤。

1. 确定评价目的

在设计教学评价时，首先要明确评价的目标。评价目标的确定一方面包括评价对象应达到的标准的确定，这是指标体系建立的依据；另一方面要明确该次评价是为了评优、考核等分等级的终结性评价，还是以发现问题、诊断提高为目的的形成性评价，或是二者兼有的评价。可以说，评价目标的确定是影响评价质量和效果的根本因素。

2. 分析评价内容

对学生的评价不仅注重对学生学习结果的评价，更注重对学生学习过程的评价。学习过程的评价主要包括师生之间的交互、答疑情况、资源利用情况、学习态度、解决问题的策略、能力等的评价。学习结果的评价主要包括对教学目标达成度、学习任务完成的状况、达标测试的成绩、实践作品的优劣、信息素养的提高、学习能力的提高、是否具有创新精神等。

3. 选择评价方法

根据不同的方法划分，教学评价有多种方法。要根据评价的目标与内容，灵活地选取教学评价的方法。

智慧课堂评价的基本理念是以学生实现智慧发展作为根本目标，在信息技术的支撑下，教师与学生的身份都有所转变，学生是学习的主体，教师则是帮助学生主动构建知识的引导者，是促进生成的客体，其最终目标是面向学生的素质教育，将学生培养成全面发展的人。因此，智慧课堂的评价方法根据其在课堂教学过程中所发挥的作用，主要有以下三种类型。

(1)学情诊断评价。

智慧课堂采用虚拟现实等技术将一些真实情境再现，促进学生快速融入学习活动，再依托学习分析技术，对学生进行学情诊断，为不同认知层次的学生提供学习策略的支持，在多种教学模式下形成"一对多"互动反馈，从而完成知识的传授。

在学习分析技术的支持下，学生可以自我检测课前任务完成情况及相关问题，教师可以根据平台数据的分析结果及时诊断学情，通过人脸识别、语音识别和表情识别等技术对学生学习的兴趣点、学习方式等进行分析，为"以学定教"提供重要的依据。

(2)学习过程评价。

数据[①]，是记录信息的载体，是知识的来源。数据的激增，意味着人类的记录范围、测量范围和分析范围在不断扩大，知识的边界在不断延伸。数据具有越来越强的可视性、可操作性和可用性，能够更精准、更全面、更及时地反映个人的思维、行为、情感以及事物的特性和发展规律，更加有效地为提升人类生产力和生活质量而服务。将大数据技术应用到支撑学校教学和学生学习过程中是教育大数据应用的终极目标。

在大数据背景下，智慧课堂采用大数据技术、人工智能技术以及云计算等，构建的网络空间内的智能化诊断系统，实现智能的测验过程，智能实现学生学习薄弱点、盲点的诊断，通过多维度、多方式的评价体系，对于教学目标的达成以及教学过程中学生能力的培养提升提供了可视化的、直观的评价体系。

在学习过程中，智慧课堂主要依托大数据分析技术对学生的学习轨迹进行记录与评价。通过学生与平台间的不断交互，进行智能分析，为学生提供更加智能化、个性化的学习环境。

(3)目标达成评价。

在传统教学中，教学目标的达成多数只会注重测试所提供的一个分数，以此来给学生做学习评价。智慧课堂则借助移动终端对学生个人空间及其相应的错题集、记录本等进行整合，帮助学生管理已学知识或者学习工具，智能地积累平常练习及作业中的错题，及时梳理知识点。学生还可以根据需要将练习题按学科、标签分类收藏，创建适合自己的题库，有针对性地为学生提供进一步的学习要求与内容，以提高学生的学习效果和课堂教学效率，促进学生全面发展。

---

① 姜强、赵蔚、王朋娇、王丽萍：《基于大数据的个性化自适应在线学习分析模型及实现》[J]，载《中国电化教育》，2015(1)。

（二）评价实施阶段

评价的实施是评价人员根据评价方案，利用各种评价手段，完成教学评价计划所规定的任务，达到评价目标达成度的过程，它是网络教学评价的具体化与实际化。

1. 制定评价标准

智慧课堂需要信息技术的支撑，用以创建传统教学无法实现的教学情境，以此来改变传统的教学方式。依据智慧课堂这一特征，其评价体系并不是一成不变的，而是一个科学能动的、具有灵活性的评价。因此，智慧课堂的评价标准应从以下三个方面来进行考虑。

（1）对学习主体的评价。

学习主体即学习者本身，智慧课堂的教学理念认为学生应该是主动地、自发地进行学习活动，是学习活动的主导者，而教师只是教学过程的引导者、教学活动的组织者。

在教学过程中，学生首先需要对自己的学习过程进行自评反思，其次生生之间的互评，最后到教师根据不同的学生评价来进行系统的评价，让学生能更为全面地了解自己对知识掌握的情况。与此同时，教师应适时鼓励学生，予以表扬，激发其学习积极性与学习热情。

在此过程中，应充分利用大数据、学习分析等技术，将学生的学习评价结果动态可视化反馈，帮助学习个体和学习群体知识生成与自组织学习。

（2）对学习动机的评价。

学习动机是指引发与维持学生的学习行为，并使之指向一定学业目标的一种动力倾向。在教学过程中，学生在进行抽象复杂知识的学习时，教师必须进行及时准确的反馈，由此把握教学目的与方法，进行精准教学。

而如何能让教师得到及时与准确的反馈，智慧课堂借助信息技术手段能够对此予以完美解决。依托信息技术的支撑可将一些真实情境再现，对课堂教学进行创设情境，实现情境交融，从而激发学生学习的内驱力，促进学生快速融入学习活动中。

（3）对价值取向的评价。

价值取向指的是一定主体基于自己的价值观在面对或处理各种矛盾、冲突、关系时所持的基本价值立场、价值态度以及所表现出来的基本取向。按学生学习的内部标准来说，即学习目标的达成，按学习的外部标准来说，即社会人才需求的趋势，内外标准相结合来开展评价。

因学生本身所具有的个体差异性，其价值取向具有与其相适应的个性化特征。在基于学生已有的生活经验之上，依托智慧课堂的技术支持，激发学生学习兴趣，让学生进一步感受教学知识源于生活，并用于生活，利用网络平台中的海量信息与技术支持学生的个性化学习，让学生学习更自主、更高效、更具个性化。

2. 收集评价数据

评价数据的收集是网络教学评价的重要阶段，是对学生进行学习评价的依据和来源。数据收集得是否完备、正确、有效，在很大程度上影响着网络教学评价的质量。评价信息的收集主要指利用相应的评价工具对学生学习过程中所表现出来的体现学生学习与发展状况的资料和数据的收集，包括使用测试、调查问卷、观察表格等对学习的过程和结果进行观察和记录。

智慧课堂教学评价要求教师本着促进学生发展的原则，使学生充分发挥自己的积极主动性，让其参与到评价过程中，客观、公正地评价学生。因此，实施教学评价时应注意以下几个问题。

(1)预置教学目标。

在开始智慧课堂教学之前，可预先通过提供范例、制定学案等方式使学生对自己要达到的目标有一个清晰、明确的认识，以便学生主动调整自己的学习计划，并契合学习任务的预期要求。

(2)贯穿教学过程。

教学评价是贯穿于教学过程的始终的，是伴随着学生的学习随时进行并频繁发生的。在给学生的学习提出预期之后，还要在整个学习过程中不断地提醒学生按照评价目标的要求来检查自己的努力是否有效。因此，评价应满足学习者的需要随时进行，促进学习者的全面发展。

(3)注重过程性评价。

评价的重点应放在怎样使学习者的能力得到发展和提高的过程上，而不是放在判断学习者的能力、状态的结果上。在评价时要关注学生在实际的学习过程中所表现出来的提问、寻求答案、理解、合作交流、创新和评价等方面的能力上。

(4)强调自我评价。

智慧课堂教学中，鼓励学生多采取自主学习的方式进行学习和评价。提高学生的自我学习能力和自我评价能力也是智慧课堂的目标之一。因此，智慧课堂教学评价强调学生的自我评价，让学生有机会制定和使用评价标准，尽可能地鼓励其自评和互评，促使学生有效有责任地评价。

(5)采用多样化评价方式。

为了使智慧课堂教学评价切实反映学生的学习状况，应将多种评价方式结合起来从多个方面反映学生的学习状况；从学习过程和学习结果两个方面，将传统的教学评价方式和现代的教学评价方式结合起来评价；在评价人员的构成上不仅包括专家、教师，也包括学生自己，体现评价主体的多元性；将形成性评价和总结性评价结合起来，充分发挥评价对学生的诊断指导和反馈激励的作用。

(三)评价结果的处理阶段

首先利用智能设备中的数据处理软件，如 QlikView、MaxCompute、Tableau SmartMining 等工具对评价的数据进行分析和处理，包括获取信息，去除无效信息，进行误差诊断，鉴别资料的使用价值等，以确保评价的有效性。然后将各类数据与评价标准做比较，考察各种现象的相互关系，对反映学生学习过程和结果的资料和数据进行归纳和分析，形成综合判断，得出结论。最后将评价过程中所发现的问题及学生学习过程中所存在的问题反馈给教师和学生本人，以便明确以后学习中促进学生发展的改进要点，并制订相应的改进计划。

→ 案例分享

案例九：八年级语文《人物肖像描写》教学评价的设计

本节课的教学目标如下。

◆ 知识与技能

1.深刻地认识肖像写作在塑造人物形象中的作用。

2.深入了解文学作品中的肖像描写的特点和细节。

◆ 过程与方法

1. 通过练习，学生总结出肖像描写的技巧和方法。

2. 能运用人物肖像描写的技巧，修改和创作文章并进行简要分析和自评。

◆ 情感态度与价值观

1. 从人物肖像描写中感悟人物的性格和精神品质。

2. 通过小组协作的学习方式，培养学生协作探究的精神。

依据本节课的教学目标，教学评价主要包括诊断性评价、过程性评价和总结性评价，其教学设计如下：

◇ 诊断性评价的设计

智能评价，诊断问题。在课前，学生在智慧学习平台上完成教师推送的作业。在课中，教师利用智慧学习云平台上的在线作业批改功能对学生的课前作业进行智能批改。教师进入平台，查看学生作业反馈结果，明晰学生在人物肖像写作中存在的问题，有针对性地开展教学活动。

◇ 过程性评价的设计

学生互评，巩固提升。学生在完成各项课中学习活动之后，重新修改课前作业，教师在智慧学习云平台上展示学生修改后的优秀作品，学生之间相互交流、分享、评价优秀作品的优点以及有待继续完善的地方。依据评价，学生再次完善课前作业，以达到巩固提升人物写作技巧的目的。

◇ 总结性评价的设计

师生共评，拓展优化。在课程结束后，学生总结本节课所学以及自评是否达到了教学目标的要求，教师对学生的总结和评价进行补充完善。经过师生共评环节，教师针对不同学生的掌握程度，布置《猜猜他/她是谁》中的片段描写的作业，以达到拓展写作技巧的目的。同时，教师反思在此次教学中存在的问题，以达到优化教学内容和教学设计的目的。

案例十：高一年级生物复习课教学评价的设计

本节课的教学目标如下。

◆ 知识与技能

1. 知道并了解本学期所学知识脉络；

2. 应用知识点，举一反三解决同类型问题。

◆ 过程与方法

1. 能够借助思维导图梳理知识脉络，学会系统学习的方法；

2. 能够学会批判性的思考，做到迁移应用，在真实情景中解决问题。

◆ 情感态度与价值观

1. 培养学生对生命的敬畏之情，赞叹生命之美的感情；

2. 提高学生保护环境和保护生命的意识。

依据本节课的教学目标，教学评价主要包括诊断性评价、过程性评价和总结性评价，其教学设计如下：

◇ 诊断性评价的设计

智能评价，诊断问题。课中，教师带领学生梳理本学期所学知识，随后在智慧学习平台上推送复习练习题目。学生登录智慧学习平台在课中完成练习题目，并提交批改。最后，教师进入平台，查看学生课中练习的反馈结果，明晰学生对本学期所学知识掌握程度和存在的问题，有针对性地开展教学活动。

◇ 过程性评价的设计

学生互评，巩固提升。在本节复习课中，学生登录智慧学习平台提交所梳理的本学期知识导图，随后教师引导学生在平台中开展互评，并展示学生的知识导图，进行点评。学生依据评价再次完善知识导图，以达到巩固记忆本学期所学内容的目的。

◇ 总结性评价的设计

师生共评，拓展优化。在课程结束后，学生总结本节课所学知识以及自评是否达到了教学目标的要求，教师对学生的总结和评价进行补充完善。经过师生共评环节，教师针对不同学生的掌握程度，布置难度层次不同的练习，以达到个性巩固与提升的目的。

拓展资源3-4：智慧课堂教学设计模板

扫一扫，获取智慧课堂教学设计模板。

【本章小结】

本章详细介绍了智慧课堂教学设计的基本流程，包括教学理念确定、教学问题与教学目标分析、教学策略设计、教学结构设计和教学评价设计。要点如下。

1. 教学理念的确定

教学理念是人们对教学和学习活动内在规律认识的集中体现，同时也是人们对教学活动的看法和持有的基本的态度和观念，是人们从事教学活动的信念。教学理念对教学活动有着极其重要的指导意义，对教师的行为也具有重要的指导作用。

目前智慧课堂的教学理念包括：①个性化教学理念；②翻转课堂教学理念；③生成性教学理念；④可视化教学理念；⑤分层教学理念。

2. 教学问题与教学目标的分析

教学问题是指教学中遇到的实际问题。教学目标是指教学活动实施的方向和预期达成的结果。教学问题是教学活动的核心，没有问题的存在，教学就无法进行。教学目标是一切教学活动的出发点和最终归宿。因此，开展智慧课堂教学之前，需找准实际教学问题，对症下药，明确教学目标，有效解决问题。

明确教学问题遵循的主要原则有：①把教改课改放在信息时代大背景下来设计和推进；②融入学科核心素养；③突出"深化应用、融合创新"，强调信息技术应用目的是为了解决教学实际问题。

3. 教学策略的设计

智慧课堂典型教学策略包括：①情境启发策略；②个性化学习策略；③协作学习策略；④分层教学策略。

4. 教学结构的设计

智慧课堂教学过程结构的设计方法：①确定主要教学环节；②组织教学内容知识结构；③设计师生的主要活动；④融入智慧技术的运用；⑤设计课堂教

学结构流程图。

5. 教学评价的设计

　　智慧课堂教学评价是指在智慧课堂中，以培养具有高智能和创造力的人才为目标，借助新兴智能信息处理技术与工具，采用相应的评价方法，对智慧课堂中教与学的过程及其结果进行测量，并作出科学精准的价值性判断的过程。

　　智慧课堂教学评价的智慧之处有：①采用新兴智能信息处理技术与工具；②作出科学精准评价；③提供智能学习决策。

第四章

智慧课堂教学模式

➜ 内容结构

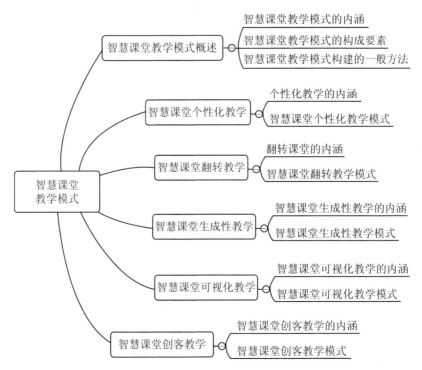

教育部发布的《2017年教育信息化工作要点》中明确提出，要不断推进信息技术在教学中的普遍应用，形成不同信息化教学应用模式。由此可以看出，无论是智慧课堂还是信息技术支撑下的教学，既需要理念的指导，也需要实际操作的落地。这就需要形成科学高效的针对不同学科、内容和课型的教学模式，从而帮助教师快速更新教学理念，掌握合理使用信息技术的方法，提高课堂教学效果。在本章中，我们将带领各位读者了解智慧课堂教学模式，深入理解各种智慧课堂教学模式的内涵，掌握不同教学模式的具体应用方法。

<table>
<tr><td>第一节</td><td>智慧课堂教学模式概述</td></tr>
</table>

一、 智慧课堂教学模式的内涵

现代汉语词典将"模式"一词解释为事物的标准样式。对称经济学中称模式是主体行为的一般方式，包括科学实验模式、经济发展模式、企业盈利模式等，是理论和实践之间的中介环节，具有一般性、简单性、重复性、结构性、稳定性、可操作性的特征。模式在实际运用中必须结合具体情况，实现一般性和特殊性的衔接并根据实际情况的变化随时调整要素与结构才有可操作性。何克抗等人认为模式是再现现实的一种理论型简约形式。[①] 查有梁认为模式是一种重要的科学操作与科学思维的方法，它为解决特定的问题，在一定的抽象、简化、假设条件下，再现原型客体的某种本质特性。[②] 钟志贤认为模式是依据一定的理论基础表征现实活动和过程的一种模型或形式。[③] 由此可以看出，模式具有一般性、可操作性、可复用性等特性，是对复杂流程的简单归纳，是快速入手一件事物的可操作流程。

《教育大辞典》把教学模式解释为："反映特定教学理论逻辑轮廓，为实现某种教学任务的相对稳定而具体的教学活动结构"[④]，具有假设性、近似性、操作性和整合性。李克东认为教学模式是指在一定的教育思想、教学理论和学习理论指导下，在一定的教学环境和资源的支持下，教与学活动中各要素之间的稳定关系和活动进程的结构形式。教学模式是指在学习环境设计理论与实践框架指导下，为达成一定的教学目标而构建的教学活动结构和教学方式。将上述观点与智慧课堂的内涵结合起来，我们认为智慧课堂教学模式是指在一定的教育理念、教学理论和学习理论指导下，在智慧教学环境中，教与学活动各要素之间的稳定关系和活动进程的结构形式。由此看来，智慧课堂教学模式应体现教

① 何克抗、谢幼如、郑永柏：《教学系统设计》(修订版)，北京，北京师范大学出版社，2016。

② 查有梁：《课堂模式论》，桂林，广西师范大学出版社，2001。

③ 钟志贤：《信息化教学模式》，北京，北京师范大学出版社，2006。

④ 顾明远：《教育大辞典》，上海，上海教育出版社，1991。

学理论，渗透教学理念，依托智慧环境，从而形成理论与思想、环境与资源和关系与结构三方面内容。

二、　智慧课堂教学模式的构成要素

关于教学模式的构成要素，现阶段有三要素说①、四要素说②和五要素说③等观点，无论是几要素说，构成教学模式的要素都包括教学理念、教学目标、教学环境和教学评价四个方面。我们认为，智慧课堂教学模式一般由教学理念和教学理论、教学目标、智慧学习环境和资源、教学要素及其关系、教学评价等几个方面组成，其中，智慧学习环境的支持是智慧课堂教学模式的显著特征。

第一，教学理念和教学理论是构成教学模式的核心。

不同的教学理念和教学理论指导下的教学模式都具备自己的特色，同时也制约着教学目标的制定。如个性化教学理念指导下的教学模式会注重学生的个体差异，因材施教，分层提升；翻转课堂理念指导下的教学模式会注重课堂互动，实现在大班教学中关注学生个体差异，从而实现个性化提升；生成教学理念指导下的教学模式会注重学习过程互动与反馈，强调学生附加价值的生成。总之，教学思想和理论是教学模式的灵魂，体现了教学活动所追求的价值取向。

第二，教学目标是构成教学模式的方向标。

教学目标是智慧课堂所追求的预期教学结果，是智慧课堂教学模式运行的方向标，也是一定教学思想和理论的具体化表现。智慧课堂以培养具有高智能和创造力的人为总目标，落实在课堂教学中应通过一个个教学目标实现。不同的教学模式对应着不同的教学目标，如可视化教学模式的教学目标是通过可视化技术将学习者内部心理表征简单、形象地表现出来，进而促进学习者的认知发展。

---

① 袁顶国、刘永凤、梁敬清：《教学模式概念的系统分析——教学模式概念的三元运行机制》，载《西南大学学报（社会科学版）》，2005，31（6）。

② 姚巧红：《运用现代教育技术构建课堂互动教学模式的探索》，西北师范大学硕士学位论文，2001。

③ 钟志贤：《信息化教学模式：理论建构与实践例说》，北京，教育科学出版社，2005。

第三，智慧学习环境和资源是构成教学模式不可或缺的物质条件。

云计算、大数据和学习分析等技术的应用让智慧学习场景不断发展，应用领域不断拓展；移动互联网的普及与发展让学习环境不断泛在化、数字化和智能化；网络学习空间的不断深化应用让教学活动双线融合，混合教学成为常态教学方式；而其中唾手可得的，如教学课件、教学素材、网络课程、专题学习网站、微课、MOOC等开放性数字化资源为教育教学的多元发展提供了重要基础。智慧学习环境的应用体现了智慧课堂教学模式与传统教学模式的不同，同时也是智慧课堂教学模式的显著特征。

第四，教学要素及其关系是推动教学模式实施的内部动力。

在智慧学习环境中，学生、教师、资源和媒体以及工具和环境之间存在大量非线性作用，有效推动了教学模式的形成和实施。智慧课堂中不同要素之间结构、关系和非线性作用构成了不同的教学模式。

第五，教学评价是完善教学模式的重要过程。

在智慧课堂中，师生都可以通过大数据支持下的学习分析系统，动态实时地进行自我评价、协作互评。从以往根据经验的非实时评价到现在依托数据的实时评价，智慧课堂教学评价能够为完善教学模式提供重要的数据支撑，使教学模式的实施更加有效。

三、 构建智慧课堂教学模式的一般方法

之前我们学习了智慧课堂教学模式的构成要素，根据智慧课堂教学模式的内涵，我们归纳出了构建智慧课堂教学模式的一般方法。

第一，明确指导思想，体现先进理论。

教学模式对教育思想、教学理论和学习理论具有很强的依赖性，换言之，应用不同的教育思想、教学理论和学习理论指导就会形成不同的教学模式。在设计智慧课堂教学模式时应体现先进理念的指导，确定教学主旋律。如个性化理念指导下的个性化教学模式，生成性理念指导下的生成性教学模式等。

第二，分析教学内容，确定教学目标。

教学模式需要教学目标提供方向。教学目标是智慧课堂所追求的预期的教学结果，是智慧课堂教学模式运行的方向标，也是一定教学思想和理论的具体

化表现。智慧课堂以培养具有高智能的创造力的人为总目标，落实在课堂教学中应通过一个个教学目标实现。不同的教学模式对应着不同的教学目标，如可视化教学模式的教学目标是通过可视化技术将学习者内部心理表征简单、形象地表现出来，进而促进学习者的认知发展。

第三，选取教学环境，准备教学资源。

教学模式需要教学环境和教学资源的支持。

第四，厘清要素关系，形成稳定结构。

教学模式需要教学要素之间的非线性关系推动实施。在智慧学习环境中，学生、教师、资源和媒体以及工具和环境之间存在大量非线性作用，有效地推动了教学模式的形成和实施。智慧课堂中不同要素之间的关系、结构和非线性作用构成了不同的教学模式。

第五，设计教学活动，关注教学交互。

教学模式需要通过教学活动体现指导理念与自身价值。教学活动是教师按照教学目标设计、学生参与的学习活动。教学活动是落实"做中学"教学理念，实现"以学生为中心"的教学模式转型的重要环节。教学活动既能够体现教学理念，同时还能体现教学的价值，设计合理的教学活动，关注教学交互也是构建教学模式的重要步骤之一。

第六，制定教学评价，诊断教学效果。

教学模式需要教学评价提供完善的切入点。智慧课堂环境中的大数据、学习分析等技术能够真实反映学生的学习情况，通过学习分析可以帮助教师不断调整教学流程，完善已形成的教学模式，推动教学模式的健康发展。

第二节　智慧课堂个性化教学

智慧课堂环境的发展为个性化教学的实现提供了强有力的技术支撑，电子书包、网络学习空间等工具的深化应用为实施个性化教学提供了新的思路。在本节中，我们将一起了解个性化教学的内涵，了解智慧课堂个性化教学模式，并通过典型案例展现模式的具体应用。

一、 个性化教学的内涵

在自然界中无法找到两片完全相同的树叶，每个人的指纹也不会完全相同。受遗传因素、文化背景以及成长经历的影响，世界上没有完全相同的学生，"每个人的学习就像他的指纹一样独特"①。智慧课堂的出现，让学生的个性能够最大程度的外显，从而培养具有独立思考能力的特点的高素质人才。《国家中长期教育改革和发展规划纲要（2010—2020 年）》②指出，要坚持以人为本、树立多样化人才观念；要尊重个人选择，鼓励个性发展。《教育信息化"十三五"规划》③指出，优质数字教育资源服务基本满足信息化教学需求和个性化学习需求。

班级集体教学的出现加剧了人们对个性化教学的研究，随着社会的进步和教育的发展，尤其是在信息技术飞速发展的今天，个性化教学已经成为当代教育改革与发展的热点。目前，关于个性化教学的内涵探讨主要有以下三类。

第一类个性化教学是一种理念。邓晖指出，个性化学习是指以承认学习者在社会背景、智能背景、态度价值、情感和生理等方面存在个别差异为前提，努力使学习者的个性特征与学习环境之间达到一种平衡，使学习者的素质得到全面提升，实现培养具有完善个性的人的一种教育理念④。由此可以看出，为达到学生个性化学习的目标，将个性化教学理念融入课程的教学设计与实施中具有重要的意义，支持个性化学习的教学理念是对个性化教学的一种解释。

第二类个性化教学是一种教学范式。刘学智等认为，个性化学习是指以学生个性化差异为基础，以促进学生个性化发展为目标的学习范式。⑤ 郑云翔认为，个性化教学是指以学习者个性差异为基础，强调学习过程要针对其个性特征和发展潜能而采取恰当的方法、手段、策略、内容、过程、评价等，使学习

---

① ［美］弗谷森：《个性化学习设计指南》，上海，华东师范大学出版社，2009。

② 中华人民共和国中央人民政府：《国家中长期教育改革和发展规划纲要（2010—2020 年）》，http://www. moe. edu. cn/publicfiles/business/htmlfiles/moe/moe _ 838/201008/93704. html. 2010-07-29。

③ 中华人民共和国教育部：《教育信息化"十三五"规划》，http://www. moe. edu. cn/srcsite/A16/s3342/201606/t20160622_269367. html. 2016-06-07。

④ 邓晖：《网络个性化学习支持系统研究》，华东师范大学硕士学位论文，2003。

⑤ 刘学智、范立双：《日本中小学教育中的个性化学习：经验、问题与启示》，载《比较教育研究》，2006，27(2)。

者在各方面获得充分、自由发展，以促进学习者个性发展为目标的教学范式。[①]可以看出，应用个性化教学理念于实际教学中，形成新的教学范式为个性化教学的应用推广提供了广阔的空间，也为个性化教学模式的构建提供理论依据。

第三类个性化教学是一种过程。李广等人认为个性化学习是指针对学生个性特点和发展潜能而采取恰当的方法、手段、内容、起点、进程、评价方式，促使学生各方面获得充分、自由、和谐的发展过程，[②] 同时个性化学习强调，学习过程既是个性的展现和养成过程，也是自我实现和追求个性化的过程。可以看出，个性化教学就是支持学生个性化学习的教学过程，教师依据教学目标设计适当的教学活动，依托智慧技术实现学生个性化的学。

综合上述分析我们可以看出，个性化教学与个性化学习密不可分，通过理解个性化学习的内涵和定义有助于我们实施个性化教学。新时代下，依托智慧技术的个性化教学将越来越普遍，形成的个性化教学模式可以有效帮助教师落地智慧技术支持下的个性化教学。

二、 智慧课堂个性化教学模式

(一)智慧课堂个性化教学模式简介

关注个体差异，开展智慧教学。个性化教学能够尊重不同学生的实际情况，进行有针对性的提高。在传统教学环境中，教师无法了解每个学生的情况，为每个学生给予针对性指导也较难实施，智慧课堂环境的出现让个性化教学逐步成为现实，信息技术的应用可以让教师快速掌握学习情况，推送个性化资源和服务，从而实现个性提升。

分析课堂教学的一般要素及规律，我们认为智慧课堂个性化学习活动的要素主要包括：教师、学生、内容、个性化支持。结合不同课型，分析教学活动后，我们以学习路径为主线，以智慧课堂环境为支持，以学习活动为具体操作构建了智慧课堂个性化教学模式(如图 4-1 所示)。

---

① 郑云翔：《新建构主义视角下大学生个性化学习的教学模式探究》，载《远程教育杂志》，2015(4)。

② 李广、姜英杰：《个性化学习的理论建构与特征分析》，载《东北师范大学学报(哲学社会科学版)》，2005(3)。

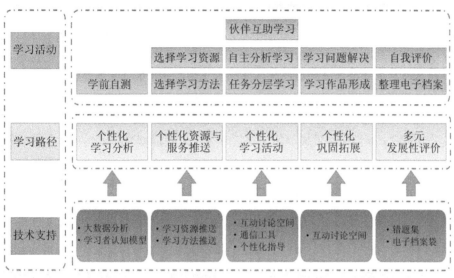

图 4-1　智慧课堂个性化教学模式

(二)智慧课堂个性化教学模式基本环节

从图 4-1 中可以看出，智慧课堂个性化教学模式是以学生学习路径为主线，充分体现以学生为主题的教学思想。模式主要分为五个环节，分别是个性化学习分析、个性化资源与服务推送、个性化学习活动、个性化巩固拓展和多元发展性评价。智慧课堂环境对每个环节都提供了相应的支持，包括大数据分析、资源智能推送、个性学习空间构建、个性化错题集和电子档案袋等。对应每个环节，模式还提供了结合技术支持的个性化学习活动，如学前自测、选择资源、分层练习、作品创作和自我评价等。

第一，开展个性化学习分析。

通过组织学前自测，在智慧课堂环境的支持下，对学生课前学习行为数据进行分析，诊断学情，发现学生认知基础、学习倾向等个性差异，总结学习问题，为课堂教学提供依据。

第二，推送个性化学习资源与服务。

教师根据学情分析结果，针对学生个体需求，推送个性化学习资源和学习方法，或依托平台与资源，为学生提供可选择的、多样化的学习支持服务，从而实现应用个性化学习资源。

第三，组织个性化学习活动。

引导学生在课堂教学中借助互动空间和通信工具，组织伙伴互助学习、自主分析学习、任务分层式学习；教师在活动过程中，为学生提供多样化的学习路径和个性化的学习指导，由教变导，个性学习。

第四，进行个性化巩固拓展。

引导学生通过实际情境的问题解决或者个人作品创作，进行学习巩固和拓展，并推送到互动空间中展示共享，通过师生互评不断改进。

第五，实施多元发展性评价。

学生利用错题本、电子档案袋、电子量规等评价工具，从多个维度搜集学习行为数据，分析学习过程行为，实现发展性评价。

来自Z小学的胡老师在《云朵面包》一课中充分运用智慧课堂个性化教学模式进行授课。《云朵面包》是一节小学语文绘本阅读课程，其教学重点是要求学生掌握绘本阅读的基本方法并学会运用，同时感受并理解绘本故事传达出来的父母子女之间的爱，教学难点是让学生体会绘本故事所包含的深层思想，引导学生感知爱、体会爱、表达爱、深化爱，并教导学生心怀感恩，体会幸福。由于每个学生的阅读能力、方法和理解能力均不同，表达的形式和方法也不相同，采用个性化教学理念进行教学能够最大程度地让不同层次的学生得以提高。

在智慧课堂环境的支持下，胡老师将智慧课堂个性化教学模式与语文教学规律相结合，形成了课程教学的主线，分别包括"质疑激趣，揭示课题"—"整体阅读，发现'奇妙'"—"个性阅读，突破重难点"—"阅读评测，理解巩固"—"分层阅读，拓展提升"—"归纳总结，布置作业"6个环节，同时通过"词句朗读，感知爱"—"评析人物，体会爱"—"创编故事，表达爱"—"拓展阅读，深化爱"4个小环节，形成课程教学的副主线（本课程的教学流程图如图4-2所示）。

在"个性阅读，突破重难点"环节，胡老师通过要求学生自由选择阅读方式（纸质本阅读或电子绘本阅读），自主投票分享，自主表达理解词汇的含义，自主创编绘本故事，充分尊重学生的个性，在学习过程中，学生拥有较大的自主选择性，可以展现并培养学习个性，发掘自我的潜能。利用这些个性化活动突破教学重难点，体现信息技术的支持作用。与此同时，学生可以通过网络学习空间浏览和评论其他人的作品，实现个性化巩固与拓展。

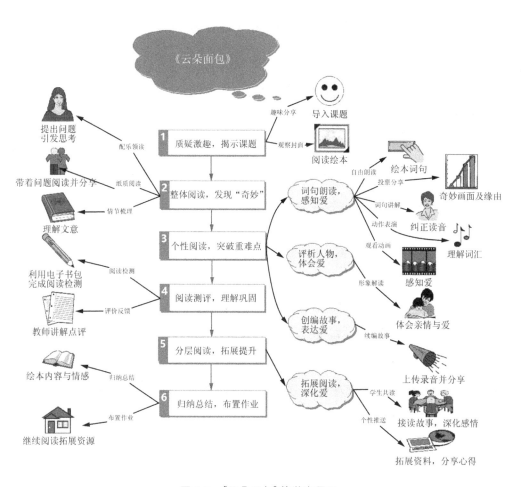

图 4-2　《云朵面包》教学流程图

在"分层阅读，拓展提升"环节，胡老师根据教学云平台反馈的学生学习数据，一方面为学生提供绘本资源库，让学生根据自身情况阅读；另一方面教学云平台为学生智能推送不同星级的资源，从而体现教学资源的分层个性化推送。

总的来说，智慧课堂个性化教学模式的核心在于理念指导下全方位变革，通过依托智慧课堂环境实施个性化学情分析、推送个性化资源、提供个性化服务、开展个性化学习活动、推进个性化巩固与拓展和实施个性多元评价，实现课堂教学个性化变革。

拓展资源 4-1：《云朵面包》教学设计方案

扫一扫，认真学习智慧课堂个性化教学课例《云朵面包》教学设计方案，深入理解智慧课堂个性化教学模式的内涵和具体操作。

第三节　智慧课堂翻转教学

翻转课堂通过翻转"知识传授"和"知识内化"两个学习过程，高效利用课堂教学时间，充分发挥学生学习的主动性，实现对传统教学模式的重组与创新。智慧课堂个性化、协同化、泛在化等特点能较好地支持翻转教学活动开展。

一、翻转课堂的内涵

"翻转课堂"（或译作"颠倒课堂"，flipping classroom），近年来成为全球教育界关注的热点，2011 年还被加拿大《环球邮报》评为"影响课堂教学的重大技术变革"。[①] 翻转课堂起源于美国科罗拉多州落基山林地公园高中的两位化学教师——乔纳森·伯尔曼（Jon Bergmann）和亚伦·萨姆斯（Aaron Sams），他们将 PPT 演示文稿及实时讲解录制成视频并将其传到网上供学生下载或播放，以此帮助课堂缺席的同学。一段时间以后，两位教师就逐渐以学生在家看视频、听讲解为基础，腾出课堂上的时间来为完成作业或实验过程中有困难的学生提供帮助。翻转课堂翻转了原有的教学理念、教学流程、教学时空和师生角色，提高了学生的学习效果。

翻转课堂是对现有的课堂教学模式或者教学方法的变革，重构了"知识传授"与"知识内化"的时间与空间，使传统的"课堂上听教师讲解，课后回家做作业"的教学习惯、教学模式发生了"颠倒"或"翻转"，变成"课前在家里听看教师的视频讲解，课堂上在教师指导下做作业（或实验）"。翻转课堂重构原有教学理念，实现了教学组织形式、师生角色和教学资源与环境的三个颠倒：首先，颠倒了传统课堂"以教师为中心"的教学理念，强调课下学生自主学习、课上学生协作学习以及教师针对性的指导；其次，颠覆了传统的教学组织形式，把知识的学习放在课前，课上以小组协作形式完成练习并进行师生、生生交流互动；最后，颠倒了教师和学生的角色，教师变成课堂活动的组织者、资源提供者，

---

① 何克抗：《从"翻转课堂"的本质，看"翻转课堂"在我国的未来发展》，载《电化教育研究》，2014(7)。

负责个别化指导和答疑解惑，学生成了主动内化知识的自主学习者；此外，智慧课堂环境为翻转课堂提供了强有力的支持，提供丰富的学习资源，提供形式多样的在线服务，为翻转课堂的智慧化提供保障。

二、 智慧课堂翻转教学模式

(一)智慧课堂翻转教学模式简介

无论是智慧课堂环境下的翻转教学模式，还是普通课堂环境下的翻转教学模式，都应该以翻转课堂的理念和流程为主线，兼顾课前、课中和课后，整体设计与实施。我们通过探寻翻转课堂的流程，查阅了相关文献，融合智慧课堂环境的支持，以 T 小学的数学课为例，构建了智慧课堂翻转教学模式(如图 4-3 所示)。

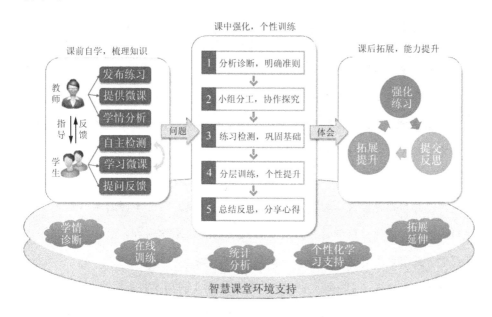

图 4-3　智慧课堂翻转教学模式

(二)智慧课堂翻转教学模式主要环节

从图 4-3 中可以看出，智慧课堂翻转教学模式分为翻转课堂的课前、课中、课后三个阶段。课前教师通过智慧课堂教学平台发布测试、资源，对学生进行指导，学生通过观看微课完成课前任务向教师反馈学习情况。课中进行强化训练，分为"分析诊断，明确准则"—"小组分工，协作探究"—"练习检测，巩固基础"—"分层训练，个性提升"—"总结反思，分享心得"几个环节，实现以学定教，自主探究，内化知识。课后通过布置测试和拓展提升任务，实现能力的提升。在整个模式中，智慧课堂环境提供重要的支撑作用，通过数据分析可以告知教师学生的学习情况，从而给予学生个性化的帮助和支持。整个模式既突出翻转课堂的主要流程，又突出智慧课堂环境的功能作用，能够有效的将智慧课堂与翻转教学相结合，具有较强的可操作性。

来自 T 小学的崔老师在《三角形的分类》一课教学中充分运用了智慧课堂翻转教学模式。该课的重点在于使学生能够按角和边对三角形进行分类，难点在于学会三角形的分类，掌握三角形特征并能够辨析各种三角形。该课程不仅使用了翻转课堂的理念，同时将合作探究和分层教学的理念融入。整个授课过程合理地使用了信息技术，真实有效地提高了学生的学习效果（教学流程如图 4-4 所示）。

从图 4-4 中可以看出，课前，崔老师在智慧课堂教学平台中发布了微课和任务单，要求学生自学并完成任务单。课中在"分析诊断，明确准则"环节，崔老师首先对课前学生学习的情况进行点评，明确三角形分类的准则；在"小组合作，探究分类、关系及特征"环节组织学生进行小组协作，利用电子书包中的电子探究工具探究三角形的分类及其关系，同时拍照上传三角形的特征；在"练习检测，巩固基础"环节，崔老师通过设置基础练习题来检测学生的学习情况和探究效果，对基础题错误率较高的进行解答，随后设置难度不同的两档题目供学生自由选择，体现分层训练；最后带领同学们总结所学内容，引导学生进行自我反思，并布置相应的拓展作业，供学生课后学习。

整个课程体现了翻转课堂的理念：课堂中学生利用平板电脑进行协作探究，测试后崔老师利用数据分析结果定位错误率较高的题目，根据学生的学习情况推送不同层次的练习题，充分体现了个性化的学习特征和智慧课堂的支持作用。

拓展资源 4-2：《三角形的分类》教学设计方案

扫一扫，认真学习智慧课堂翻转教学课例《三角形的分类》教学设计方案，深入理解智慧课堂翻转教学模式的内涵和具体操作。

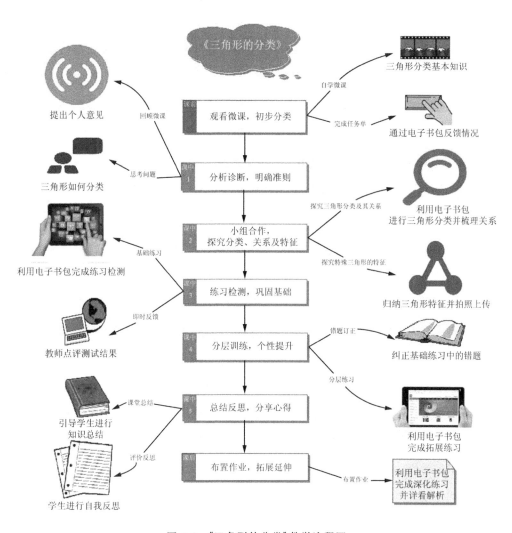

图 4-4 《三角形的分类》教学流程图

第四节 智慧课堂生成性教学

21世纪强调对学生核心素养的培养，注重人才的全面发展，传统的预设性教学由于过分注重教学规律的实现以及教学目标的达成，从而限制了教师的发挥空间，阻碍了学生个性化和创造力的生成。因此，根据社会对人才培养的需要，教学应该由预设转向生成。

一、 生成性教学的内涵

我国《基础教育课程改革纲要（试行）》明确指出："课堂教学不应当是一个封

闭系统，也不应当拘泥于预先设定的固定不变的程序，要鼓励师生互动中的即兴创造，超越目标预定的要求"①。传统的预设性教学由于过分注重教学规律的实现、教学目标的达成，从而限制了教师的发挥空间，阻碍了学生个性化和创造力的生成。智慧课堂是以培养具有高智能和创造力的人才为目标，因此，为了满足 21 世纪对人才的需求和智慧课堂的目标，教学应该由预设转向生成。

《现代汉语规范词典》中将"生成"解释为产生、形成，《教育大辞典》中认为"生成"强调学习过程是学习者原有认识结构和从环境中接受的感受信息相互作用、主动建构信息、意义生成的过程。"生成"体现出"产生—生长—形成—成果"这样一种过程，生成性教学也具有类似的特点。

在国外，生成性教学思想可追溯到卢梭的自然教育，国内最早明确提出生成性教学思想的是叶澜教授。但对生成性教学的内涵有不同解读：生成性教学是一种教学哲学或教学理念；② 或把生成性教学看作生成性思维视角下的一种教学形态，是教师根据课堂中的互动状态及时地调整教学思路和教学行为的教学形态③，或认为生成性教学是一种教学过程④。

我们认为，生成性教学是在弹性预设基础上，师生充分交互，不断调整教学活动和行为，共同建构并形成新的信息、资源的动态过程，以实现教学目标和创生附加价值。

生成性教学具有以下特征：①人文发展性：从教学理念来看，生成性教学注重以人为本。生成性教学的重心在于回归教育中的人本身，立旨于人的成长和发展⑤。生成性教学强调人文关怀，尊重生命，实现学生主动、持续的生长和

① 中华人民共和国教育部：《基础教育课程改革纲要（试行）》，http://www.moe.edu.cn/publicfiles/business/htmlfiles/moe/moe_309/200412/4672.html，2001-06-08。

② 李雁冰、程良宏：《生成性教学：教学哲学的分析视角》，载《教育发展研究》，2008，28（8）；李祎、涂荣豹：《生成性教学的基本特征与设计》，载《教育研究》，2007（1）。

③ 罗祖兵：《生成性教学及其基本理念》，载《课程·教材·教法》，2006（10）；王鉴、张晓洁：《论教学的二重性》，载《高等教育研究》，2007（1）。

④ 郑金洲：《课改新课型》，北京，教育科学出版社，2009。万秀珍：《生成性教学的现实困境和实施策略研究》，河南大学硕士研究生论文，2009。

⑤ 张广君：《生成论教学哲学论纲：架构与特征》，载《当代教育与文化》，2011（3）。

发展，同时也促进教师自身的成长和发展。②动态非线性：从教学过程来看，生成性更加强调动态生成。与预设性教学不同，生成性教学不是固定的、一成不变的，而是师生及多种因素之间动态的相互作用的推进过程。教师根据学生的学习反馈或者出现的教学事件，灵活动态地调整教学环节或者教学活动。③交互参与性：从教学方法来看，生成性教学更侧重交往互动，注重学生的全员参与。交往互动是生成的前提，同时也是生成的表现。教学中主要采用讨论、协作、探究等互动的方法促使教学互动进一步的发展与完善，为教学生成创造更多的条件和机会。④附加价值性：从教学效果来看，生成性教学关注教学的附加价值。附加价值是指教学中的意外事件带给学生的发展价值，是预设之外的价值。① 生成性教学不仅是为了完成预设目标，更关注学生在教学过程中个性化的表现，促使学生从教学意外中获得积极价值。

二、 智慧课堂生成性教学模式

(一)智慧课堂生成性教学模式简介

从教学生成的视角，李祎②认为学习应营造一种"生成场"，通过教师或他人的直接或间接的引导和帮助，学生在生成场中积极地利用各种信息来进行知识意义的生成。教学生成系统就是在生成场中运行的，它是由信息场域和思维系统"交叉"重叠而构成的一种信息加工系统。

我们认为生成性教学过程分为"弹性预设"→"交往—反馈"→"应对—建构"→"生成—创造"→"反思—评价"五个阶段，且每一阶段的实施均有智慧课堂环境作为外力加以推动。抓住教学生成点是实施生成性教学的关键，如图 4-5 所示，这些教学生成点包括疑难困惑点、碰撞争论点、偏差错误点、思维闪光点以及突发教学事件等。

---

① 罗祖兵：《生成性教学的基本理念及其实践诉求》，载《高等教育研究》，2006(8)。

② 李祎：《教学生成的理论基础》，载《教育评论》，2005(4)。

疑难困惑点　　对同一问题产生两种　　偏差错误点　　在思考或者创作过程　　突发教学事件
　　　　　　　或者多种不同甚至相　　　　　　　中产生的灵感或者萌
学生经过思考和分析　互矛盾的观点　　　　在练习检测中出现　生的想法　　　　　课堂教学中突发的意
发现问题、提出质疑　碰撞争论点　　　　的错误和偏差　　　思维闪光点　　　　外事件甚至打乱正常
　　　　　　　　　　　　　　　　　　　　　　　　　　　　　　　　　　　　教学节奏的事件

图 4-5　教学生成点示意图

通过不断激发和促进教学生成点，实现学生的知识生成、方法生成、能力生成和情感生成；最终实现教学目标、创生附加价值。因此，我们构建的智慧课堂生成性教学过程模型如图 4-6 所示。

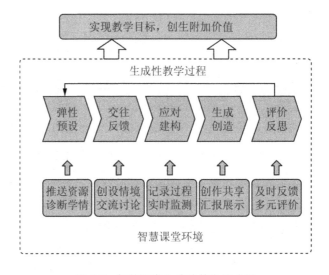

图 4-6　智慧课堂生成性教学模式图

(二) 智慧课堂生成性教学模式的主要环节

我们将生成性教学过程和智慧课堂环境的技术支持进行整合，构建智慧课堂生成性教学模式，为生成性教学设计提供指导。该模式包括五个阶段。

第一阶段，教师推送课前学习资源，并根据学生的预学反馈情况进行学情诊断，对教学目标、教学内容、教学资源、教学过程等进行弹性设计。

第二阶段，教师创设真实的、贴近生活的教学情境，引导学生提出问题，采用同桌对话、小组讨论、合作探究等多种形式，促进师生"交往—反馈"。

第三阶段，教师对学生的学习进行实时监测，密切关注学生提出的问题、观点、争论等生成性信息，及时给予反馈和引导，根据具体情况灵活调整教学行为、提供学习支架，支持"应对—建构"。

第四阶段，教师提供认知工具和展示平台，引导学生进行学习成果共享或展示汇报，实现"生成—创造"。

第五阶段，教师组织学生利用评价工具对学习过程、学习收获等进行多元评价，开展"评价—反思"，进一步优化生成。

从 0 到 1 和从 1 到 100 是两个不同的阶段，而生成体现的就是从 0 到 1 这样一个创造的过程。《基础教育课程改革纲要（试行）》中明确指出，课堂教学不应封闭，不应拘泥于原有预设的程序，应当鼓励在师生互动中即兴创造。来自 L 小学的肖老师在《简单电路》一课中充分运用了智慧课堂生成教学模式。

该课是小学科学四年级下册的内容，其教学重点是学生通过小组实验连接电路，知道一个联通电路的基本组成，了解电路的不同连接方法并能够用简易符号表示一个电路的不同部分，同时能够快速绘制电路图。教学难点是能够用电路图表示电路，能够迁移所学知识，用更多的方法和材料点亮更多的小灯泡。该节课的生成性目标包括知识生成目标、方法生成目标和情感生成目标。其中电路的不同连接方法是知识生成目标，电路实物与简单电路图的转换是方法生成目标，设计安全提示牌是情感生成目标（教学流程图如图 4-7 所示）。

从图中我们可以看到，本课程的教学分为"创设情境，激趣导入""协作建构，奠定生成""小组实践，实现生成""总结反思，深化生成""迁移拓展，升维生成"五个步骤。

在"创设情境，激趣导入"环节，肖老师创设小熊维尼和他的超级侦探遇到了困难的可视化情境，引导学生在"iclass"的讨论区中完成问题的解决方案，组织学生展示汇报交流，说出侦探的解决方案。

在"协作建构，奠定生成"环节，教师展示小灯座、电池盒等物体，提出教学问题，发布微课资源，要求学生观看微课，个性回答问题；随后学生进行现场展示，小组开展合作探究，录制操作过程并上传到课程平台，以动态记录学生的操作过程，奠定生成的基础。教师根据学生上传的操作视频，发现学生存在的问题，总结学生操作过程中失误点，针对性地讲解知识点。

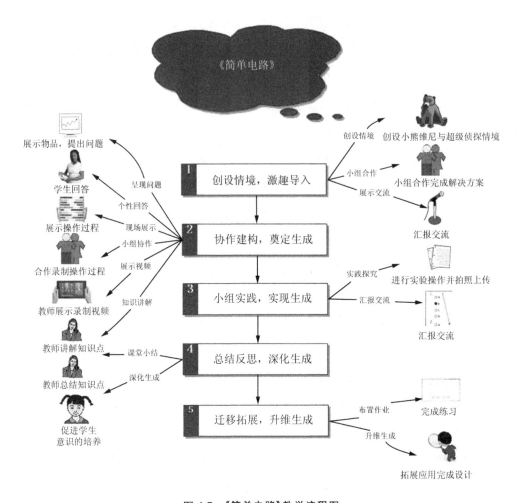

图 4-7　《简单电路》教学流程图

在"小组实践，实现生成"环节主要包括"实践探究""汇报交流"两个环节，实践探究是实现生成的必要途径，汇报交流是促进生成的有效策略。在该环节中学生小组开展实践应用，分工操作，利用"物理实验课"APP 开展实践操作，记录过程，拍照上传。随后教师引导学生相互之间进行交流分享，传播共享知识。

在"总结反思，深化生成"环节，教师总结本节课学习要点，展示相关内容，引导学生利用好电，注意自我保护和用电安全，促进学生的情感生成。

在"迁移拓展，升维生成"环节，教师布置课程作业，要求学生和父母一起设计安全用电标志，张贴于自己家中，并拍照上传标志的应用场景，生生与师生开展互评，以升维生成。

信息技术不仅能作为生成的工具，还可以将生成的内容可视化表达出来。在本节课中，肖老师应用讨论工具，创设可视化情境；利用录制工具与交流平台，奠定生成的基础；采用虚拟仿真工具与记录工具，实现有效生成；使用展示平台，持续深化生成。智慧课堂学习云平台可以实时记录并分析学生的行为数据，帮助肖老师动态调整教学，为学生建构知识提供支持。信息技术可以作为生成工具，也同时为生成性教学提供资源、体现生成的个性化。

拓展资源 4-3：《简单电路》教学设计方案

扫一扫，认真学习智慧课堂生成性教学课例《简单电路》教学设计方案，深入理解智慧课堂生成性模式的内涵和具体操作。

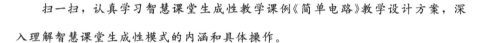

第五节 智慧课堂可视化教学

可视化是运用计算机图形学或一般图形学的原理和方法，将数据转换为图形、图像，以直观的形式表示出来的理论、方法和技术。可视化技术不仅能够为学生学习过程提供可视化的支架与导航，还可作为认知工具支持学生知识的建构和问题的解决。

一、可视化教学的内涵

"可视化"作为专业术语的出现，始于美国自然科学基金会在 1987 年召开的一个专题研讨会，随着计算机技术的发展，可视化引起了诸多研究者的关注。可视化的英文是 visualization，可译为"可使看得见的，清楚地呈现"，也可译为形象化、成就展现等。事实上，将任何抽象的事物、过程变成图形图像等形象化的表示都可以称为可视化。

目前关于可视化的定义主要有两种角度。从技术的角度看，可视化是利用计算机图形学和图像处理技术，将数据转换成图形或图像在屏幕上显示出来，并进行交互处理的理论、方法和技术。从过程的角度看，可视化是一个过程——它将数据、信息和知识转化为一种形象化的视觉表达形式，充分利用了人们对可视模式快速识别的自然能力，以形象化的姿态接受大众的解读。

　　当今学术界对可视化教学尚未取得较为统一的定义，但将可视化思维与技术应用于整个教学过程中，以"多环节助力，全程化贯通"的方式提高教学效能[1]成为可视化教学的出发点和归宿。由此我们可以归纳演绎出可视化教学的基本内涵：可视化教学是将可视化思维与技术应用于整个教学过程中（包括课前、课中和课后），从而促进师生知识生成，提高教学绩效的一系列教学活动的集合。随着时间的推移，可视化的发展经历了科学计算可视化、数据可视化、信息可视化到知识可视化的过程，它的快速发展不仅为教师的教学活动提供了很大的便利，也为促进师生知识生成和提高教学绩效提供了保障。

二、 智慧课堂可视化教学模式

(一)智慧课堂可视化教学模式简介

　　可视化理念在梳理知识、展现数据和拓展思维方面具有重要意义，科学探究常常使用可视化的方式展现探究过程、探究数据，总结探究成果。我们结合小学科学探究过程的特点及其内在需求，将支持科学探究过程的可视化工具分为知识可视化、数据可视化和思维可视化三种类型。

1. 知识可视化

　　知识可视化是研究运用视觉表征的手段促进知识创造和传递作用的领域，是所有能用以构成和传输复杂意识的图形化手段。在科学探究过程中可以采用知识可视化工具来呈现科学知识。可以运用结构化图形表征的方法为学生呈现清晰的知识及其关系，也可以运用视频、动画的富媒体形式，使静态抽象的知识动态化、可视化。还可利用知识可视化工具来模拟科学现象，使抽象的科学现象(如电场、磁场)可视化，或利用虚拟实验把科学实验情境、科学实验过程、微观世界的运动、抽象科学规律等模拟呈现出来。

2. 数据可视化

　　数据可视化关注数据的视觉表现形式，其基本思想将数据转换为图形图像

---

　　[1]　刘濯源、刘彦芳：《走出思维可视化认知误区——以实践为基础厘清思维可视化教学体系》，载《中国信息技术教育》，2015(21)。

在屏幕上进行显示，并进行交互处理，使人们可以从不同的维度对数据进行观察和更为深入的分析。从科学探究过程角度看，数据分析是形成科学结论的前提，数据可视化工具有利于促进学生分析数据，得出结论。从科学课堂的角度看，学生的知识生成、思维生成都可作为数据保存在探究平台中，对这些数据可视化并进行分析，有利于教师捕捉生成、诊断学情，调控教学。

3. 思维可视化

思维可视化是指在运用图示或图示组合的方式将教学过程中原本不可见的思维规律、思维路径及方法呈现出来，其本质是将隐性思维进行显性化的过程。实现思维可视化的图示方法主要有概念图、认知地图、语义网络、思维导图、流程图等。在科学探究过程中将学生的思维过程进行图形化或概念化，一方面可以帮助学生厘清科学概念之间的逻辑关系，另一方面有助于教师对学生科学思维的走向和过程进行关注，促进学生思维的深度发展。

我们结合小学科学探究过程及智慧课堂环境的功能和作用，构建了智慧课堂支持下的科学探究可视化教学模式（如图 4-8 所示）。

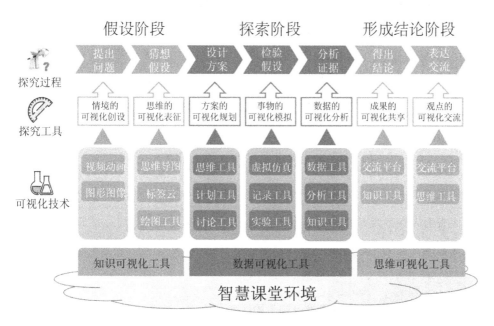

图 4-8 智慧课堂支持下的科学探究可视化教学模式

(二)智慧课堂可视化教学模式的主要环节

根据对科学探究的基本过程和内涵的分析可见，一般的科学探究过程包括假设阶段、探索阶段和形成结论阶段，具体可以分为提出问题、猜想假设、设计方案、检验假设、分析证据、得出结论、表达交流七个环节，下面简要分析科学探究过程的基本环节。

1. 假设阶段

在假设阶段，学习者通过分析问题情境，提出问题、形成假设。

(1)提出问题。开展探究的第一步是要提出问题，而学习者的探究也是围绕问题来展开。教师根据教学内容和教学目标，设计与学生原有认知结构相联系但又不和谐、与学习目标相关但又不直接的情境，引发学生的认知冲突，从而促使学生处于一种"疑问"状态，自然提出值得探究的问题，并激发他们试图找出解决问题的方法和途径的兴趣，引发探究的产生。在小学科学教学中，探究发端于问题，而问题来源于情境。利用电子书包中集成的大量图形、动画、视频等可视化资源展示或模拟现实，再现生活中的真实情境，能够促进学生进入身临其境的问题环境，产生认知冲突，并通过讨论等方式提出问题。

(2)猜想假设。猜想假设即学生通过猜想、预测、推理等内部思维活动形成对问题的假定性答案。猜想假设的主要作用是提出探究的方法和可能性，一方面可以帮助学生确定探究方向、制订探究计划、部署探究程序，另一方面可以调动学生积极参与科学探究，促进学生思维能力、创造能力的发展。在猜想假设过程中，常用的方法有归纳法、演绎法、类比法等。在这个环节，可以利用电子书包中的绘制思维导图、概念图的思维工具支持学生进行猜想假设，并让学生将假设发布到智慧课堂云学习平台中进行共享与交流，用标签云功能将学生的思维可视化，促进学生思维的发展。

2. 探索阶段

在探索阶段，学习者通过设计方案、检验假设、分析证据等活动对假设进行检验和评价。

(1)设计方案。探究方案的制定是探究过程顺利进行的有力保障。在设计探究方案时，学生需思考探究的原理和方法、实施步骤、工具或材料等内容。方案的设计一方面使学生在一定程度上体验科学家进行科学研究的思想和方法，另一方面可促进学生明确探究目的、任何的操作方法，有条理地开展探究。在设计方案环节，学生在教师的引导下提出探究思路，制订研究计划。在开展探究之前，学生要厘清开展什么探究、探究的顺序是什么、每个步骤如何开展。在这个过程中，同样可以利用流程图、思维导图等思维可视化工具将实验步骤清晰地记录下来，并在云平台进行共享，支持学生进行分析与表达。

（2）检验假设。科学探究重视学生在实践活动中收集实证材料，这是科学探究与其他学习的重要区别。在科学探究过程中，学生根据制订的计划开展探究，收集证据以支持假设的论证。数据搜集的方式有很多，学生可以根据自己的知识和经验对自然现象和生产活动实践进行观察，也可以查阅报纸、杂志等信息，还可以开展实验来收集证据。在这个环节中，可以利用电子书包提供的虚拟仿真资源，帮助学生在可视化的环境中获取信息；利用电子书包的录像和云平台功能，记录学生的探究过程，实现出声思维可视化；还可以利用云共享电子表格对探究结果进行数据的记录。

（3）分析证据。学生在搜集证据后，需要根据信息、事实或者现象之间的关系及其相互联系，对相关信息进行加工整理，对证据进行归纳分析，对现象和数据进行描述处理，进而判断事实证据和假设之间的关系，并通过分析归纳，用科学的方法对事实证据进行概括总结。在此环节，电子书包提供数据可视化工具帮助学生将实验数据绘制成图表，支持学生分析处理数据。同时，提供可视化的资源帮助学生在数据分析过程中进行知识补充、解答困惑。

3. 形成结论阶段

在形成结论阶段，学习者根据证据分析的结果，并通过客观描述和主观解释与他人进行交流，从而得出结论。

（1）得出结论。在探究过程中，学生分析比较所获得的实验事实和证据，并与已有知识经验相联系，以科学的方法对证据进行概括总结，就形成了探究结论。在此环节，利用电子书包可突破传统的纸笔报告方式，通过思维导图、PPT、视频等多种可视化形式进行成果的展示，并在云平台共享探究成果。

（2）表达交流。科学探究过程中，表达与交流不仅表现在探究结论形成后的交流，还贯穿于科学探究的全过程。学生通过表达和交流，交换对问题的解释和看法，展示探究成果，在此过程中还会有思维碰撞，引发新的问题和更为深入的探究。可见，表达与交流可加深学生对科学知识的理解，还能培养学生乐于合作和交流、敢于发表见解的性格。交流讨论环节实际上贯穿探究的全过程，以形成结论阶段最为重要。知识可视化工具可以有效支持学生对探究过程和结果的交流与传播。学生可以利用各种概念建模的软件，将概念从抽象理解转化为可视化的图形图像，并在学习平台进行交流。通过可视化的交流，促进学生在交互中不断修正和完善自己的科学概念，在交流中达成共识，形成最终的结论。

在当今这个以读图为主的时代，可视化成为表现和传播信息的重要手段。可视化是一种方法，是一种工具，也代表着一种能力，智慧课堂环境为可视化教学提供了直观的工具，同时也提供了丰富的案例和资源。来自 S 小学的吴老师将探究教学与可视化教学相结合，在《相貌各异的我们》一课中充分应用智慧课堂可视化教学模式。《相貌各异的我们》是小学六年级的一节科学课，以探究教学为主线。科学探究中涉及概念认知、数据分析、思维交流等一系列抽象性的过程，运用微视频、思维导图等可视化技术将知识可视化、数据可视化、思维可视化，能够将科学探究过程中复杂抽象的知识和思维过程的逻辑关系简单、形象地表现出来，符合小学生认知发展特点，有利于促进学生科学探究思维的深度发展。该课的教学重点是要求学生能够通过多种途径认识相貌性状特征的差异；该课的教学难点是要求学生了解不同的相貌性状特征，知道性状的不同组成造就了多样的个体，课程教学流程图如图 4-9 所示。

从图 4-9 中我们可以看出，整个课程以探究教学为主线，并在每个环节中都展现出可视化的应用。课前，吴老师通过智慧课堂教学云平台为学生推送微课资源，并要求学生在平台中上传思维导图，引导学生利用思维导图这种方式将知识可视化。课中通过"情境导入，引出课题"—"预学反馈，明晰概念"—"组内互学，组际互学"—"初步探究，了解相貌特征"—"深入探究，理解相貌唯一性"—"总结归纳，评价反思"的教学主线，层层递进，引导学生进行探究。在"组内自学，组际互学"环节中，学生完善思维导图并在小组间互相讨论学习，巩固知识可视化；在"初步探究，了解相貌特性"和"深入探究，了解相貌唯一

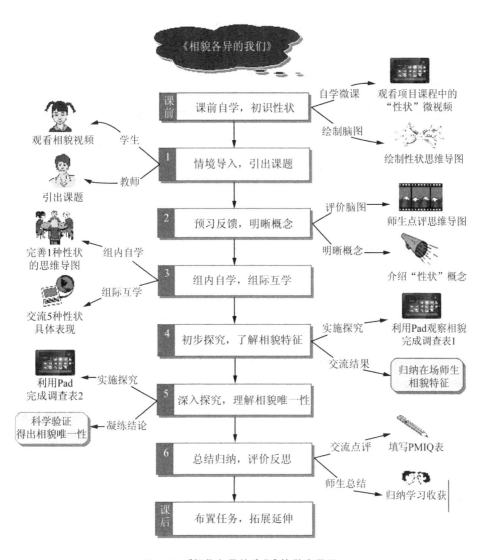

图 4-9　《相貌各异的我们》教学流程图

性"环节，学生利用智慧课堂教学云平台实现数据收集、整理和可视化的过程，从而体现数据可视化；在"总结归纳，评价反思"环节，学生通过填写 PMIQ 表格，并进行探讨交流，从而实现思维的可视化。整个探究教学过程中，从知识可视化到数据可视化再到思维可视化，环环相扣，相互递进，从而利用可视化提高探究教学效果。

拓展资源 4-4：《相貌各异的我们》教学设计方案

扫一扫，认真学习智慧课堂可视化教学课例《相貌各异的我们》教学设计方案，深入理解智慧课堂可视化教学模式的内涵和具体操作。

| 第六节 | 智慧课堂创客教学 |

数字设计技术、开源硬件创新平台及快速成型技术的发展与普及，使得创客运动在世界各地开展得如火如荼①。创客运动对教育领域的席卷孕育了创客教育与创客教学。创客教育教学的核心要素在于通过动手实践培养人的创新思维和创新技能，其价值特征体现了以全人发展的教育目标。随着3D打印技术、机器人技术、智能材料技术、更为简洁的编程语言等建构性技术的发展和普及，中小学创客教学即将迎来空前发展的"黄金时代"。

一、 创客教学的内涵

《教育信息化"十三五"规划》指出"应有效利用信息技术推进'众创空间'建设，探索STEAM教育、创客教育等新型教育模式，使学生具有较强的信息意识与创新意识"。② 同时，21世纪核心素养也强调学生学习能力和创新素养的培养③。但当前中小学教学仍以知识讲授为主，缺乏相应的实践操作，学生习得的知识与现实生活相脱节，无法满足21世纪信息社会对创新型人才的需求。杨现民等认为，创客教育是一种融合信息技术，秉承"开放创新探究体验"教育理念，以"创造中学"为主要学习方式和以培养各类创新型人才为目的的新型教育模式④。创客教学是创客教育的教学实践。随着3D打印技术、机器人技术、智能材料技术、更为简洁的编程语言等建构性技术的发展和普及，中小学创客教学即将迎来空前发展的"黄金时代"。

创客教学并非无源之水，其背后蕴含着丰富的教育理念，主要包括创新教

---

① 高金丽：《创客教学模式的设计与实践研究》，华东师范大学硕士学位论文，2016。

② 中华人民共和国教育部：《教育部关于印发〈教育信息化"十三五"规划〉的通知》，http://www.moe.gov.cn/srcsite/A16/s3342/201606/t20160622_269367.html，2016-06-07。

③ 褚宏启：《21世纪核心素养及其培育》，载《基础教育论坛》，2016(6)。

④ 杨现民、李冀红：《创客教育的价值潜能及其争议》，载《现代远程教育研究》，2015(2)。

育、设计型学习理念。创新教育理念引领创客教育发展方向，设计型学习理念为创客教育开拓宽阔的实践空间，二者相辅相成，共同推动创客教育的发展。

(一)创新教育

创新教育理论提出于 20 世纪末，我国学者朱永新等认为创新教育是根据创新原理，以培养学生具有一定的创新意识、创新思维、创新能力以及创新个性为主要目标的教育理论和方法。[①] 著名心理学家斯腾伯格(Robert J. Sternberg)认为在创新教育中，创造案例的培养一方面体现在创造出的具有新颖性和价值的产品，另一方面体现在个体产生新想法、问题解决、自我实现的思维过程。[②] 台湾教育学家陈龙安综合吉尔福德的智力结构模式、帕尼斯的创造性问题解决模式、威廉斯的创造与情致教学模式，提出了"爱的"(ATDE)创新教学模式，包括问(Asking)、想(Thinking)、做(Doing)、评(Evaluating)4 个环节[③]。创客教学同样以创新能力的培养作为其主要的教学目标之一，强调学生创新性产品的创作以及创新思维的培养，在创客教学中应给予学生充分的时间和资源，重视学生创新想法的产生过程。

(二)设计型学习

设计型学习(Learning-By-design，LBD)又叫基于设计的学习，王佑镁教授认为，设计型学习是一项以学习目标为准则的基于项目的活动，设计源于实践中的具体问题，而问题解决的本身即是对各种理论的创造性应用。在设计型学习中，设计的思想贯穿于整个学习过程，又将学习得到的结论反馈于设计，检验设计的合理性与有效性，在解决问题的过程中，设计随着学习的开展而不断深化[④]。在设计型学习中，设计的理论一方面体现在基于产品的设计：学习面临的是来自现实生活的结构不良的问题，学习结果指向真实的人工制品，要求将多学科知识与现实问题结合；另一方面体现在基于过程的设计：在迭代设计的

---

① 朱永新、杨树兵：《创新教育论纲》，载《教育研究》，1999(8)。

② Sternberg R J. The Nature of creativity：contemporary psychological perspectives . New York：Cambridge University Press，1988.

③ 陈龙安：《创造性思维与教学》，79 页，北京，中国轻工业出版社，1999。

④ 王佑镁、李璐：《设计型学习——一种正在兴起的学习范式》，载《中国电化教育》，2009(10)。

过程中加深对概念、问题的理解。

二、 智慧课堂创客教学模式

(一)智慧课堂创客教学模式简介

《教育信息化"十三五"规划》强调，要"大力推进'网络学习空间人人通'，网络学习空间应用普及化"，同时，为网络学习空间各种角色的使用给出了明确的定义。网络学习空间是智慧课堂中的一个重要应用，它作为一种可以提供个性化服务的学习环境，能够为创客教学提供包括学习资源、学习工具、协作交流平台等多种功能支持①，从而促进教与学方式的变革，促进创新型人才的培养。

具有创新性的人工制品是中小学创客教学物化的学习结果，也是创客教学最显著的特征，因此，中小学创客教学流程应以创客作品的创作过程为其核心环节。创客作品的创作过程是一个从产生创意构思、设计并将其转化为实物，最后进行展示交流的完整过程。通过理论研究及对创客教学流程的分析，结合网络空间在创客教学中的功能和作用，我们提出网络空间支持的创客教学模式（如图 4-10 所示）。

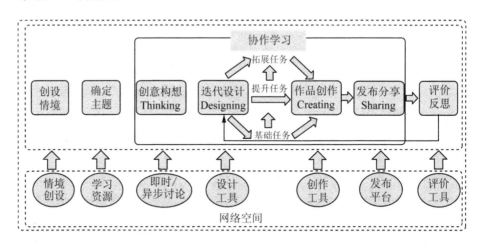

图 4-10　网络空间支持的创客教学模式

(二)智慧课堂创客教学模式的主要环节

智慧课堂创客教学模式是以智慧课堂网络学习空间为支持，以创客作品的

---

① 谢幼如、盛创新、杨晓彤等：《网络学习空间提升自我效能感的效果研究》，载《中国电化教育》，2016(1)。

创作为核心环节，共包括创设情境、确定主题、创意构思、迭代设计、作品创作、发布分享和评价反思七个环节。其中"迭代设计"与"作品创作"两个环节按照任务难度由基础任务到提高任务再到拓展任务逐级进行。基础任务以模仿学习为主，模仿教师展示的案例，在实际动手操作中掌握基本知识。提高任务到拓展任务对学生的创新程度要求逐步提高。

第一，创设情境。教师利用多媒体资源创设复杂真实的生活场景，激发学生的学习兴趣和创新意识。网络空间可提供视频、动画、案例等交互性的媒体资源用于问题情境的创设。

第二，确定主题。学生以小组为单位，结合对生活的观察和思考，提出问题并确定小组项目学习的主题。网络空间提供微课、课件等学习资源，学生可以根据自己的创作需要选择相应的学习资源进行自主学习。

第三，创意构想。学生针对主题运用发散思维自由联想，以寻求具有创新性的想法。根据创新教育理念，创客教学应注重学生创新思维方式的培养，促进学生从不同角度看待问题，提出不同寻常的想法。网络空间的互动平台支持班级内外的即时及异步讨论。不仅支持组内学生的协作学习，还可支持学生作品的共享与互评以及与社会创客的互动，以实现多维互动与共创。

第四，迭代设计。学生综合运用所学知识，利用设计工具进行创客作品设计，建立模型并绘制设计图。根据设计型学习理念，创客作品的设计过程应具有迭代性，学生在作品制作中反复检验设计的合理性与有效性，并不断修改完善设计方案及作品。网络空间提供画图软件、线路图绘制软件等设计工具。

第五，作品创作。学生通过小组合作，将设计落实到具体的动手操作，利用开源硬件、3D 打印、手工工具等创作工具将创意设计变成实物。网络空间提供图形化编程环境、视频录制、编辑工具等创作工具。

第六，发布分享。学生利用网络发布创客作品，展示并分享其创意构想、设计思路以及制作过程。创客教学强调作品的展示和分享，通过作品展示，交流创意，激发灵感，构建共创、共享的创客学习氛围。

第七，评价反思。学生对作品自评和组间互评，进行自我反思，不断修改完善作品。网络空间提供量化评价工具及基于讨论空间的过程性评价工具。

创新、实践、分享是创客教育的特征。创新即以创造性思维为核心；实践即强调动手操作，将理论与实践结合起来；分享即以开放和参与的心态，将自己参与的事情和他人分享，与他人共同创造，最终将创意变为现实。可以看出，创客教育以创新思维引领，以动手实践推动，以分享交流深化，最终将创意变为现实。来自 D 小学的李老师深入应用智慧课堂创客教学模式，开设了学校的校本课程《Arduino 中传感器的应用》。校本课程的授课对象是学校的创客兴趣小组，李老师使用了智慧课堂中的网络学习空间开展教学，教学过程包括以上环节（如表 4-1 所示）。

表 4-1　《Arduino 中传感器的应用》教学流程

学习步骤	学生活动	教师活动	网络空间支持作用
创设情境	观看教师上传的生活中传感器的例子，通过网络搜索进行补充。	收集生活中应用传感器的例子，上传到网络平台。	创设情境：通过视频、图片和文字呈现生活中各种各样的传感器及其使用方法。
引发疑问	反思生活体验，发现传感器应用的不足之处。	引导学生思考传感器还可以如何应用在哪些地方，解决生活中的问题或改善现有的产品。	提供搜索工具。
创意构想	针对发现的问题，思考设计新颖的、具有个人或社会价值的传感器应用。	提供一些创新思维方法，如头脑风暴、联想法等。	
迭代设计	以小组为单位，利用设计工具，对作品的功能、外形、电路图等进行迭代设计。	巡堂，随时准备提供设计方面的帮助。	提供互联网查询相关资料；提供 Arduino 接线图绘制工具。
作品创作	以小组为单位，利用创作工具，按照设计方案进行作品制作。	巡堂，随时准备提供制作方面的帮助。	提供异步协作平台，学生可以与校园外的创客们交流互动。

学习步骤	学生活动	教师活动	网络空间支持作用
发布分享	将作品拍摄成小视频发布到网络空间的校内互动平台中，全校学生进行投票和点赞。学生以小组为单位上台展示作品，包括设计思路、亮点等。	提供演讲的一般方法，指导学生更好地进行作品展示。	提供在线分享平台。
评价反思	对本次项目学习进行自评，评价内容包括作品的设计和制作过程以及作品本身。	对学生进行评价，评价包括作品的设计和制作过程以及学生作品本身。	在线呈现自评问卷和作品的评价表。

课上，李老师将课前收集的各类传感器及其应用案例，上传到智慧课堂云学习平台中并推送到学生的客户端供学生观看。学生反思生活体验，思考生活中的哪些问题可以利用 Arduino 套件以及各种类型的传感器元件制作成电子作品来解决，并根据问题确定小组学习的主题。学生以小组为单位，利用平板上的绘图软件绘制元件组接图以及线路图，构思代码逻辑，充分考虑设计的可行性后按照设计图动手制作、编写代码，完成创客作品。期间学生与李老师及其他同学反复讨论，不断修改设计方案。

网络学习空间为泛在学习提供支持，学生也可以在网络学习空间中与其他兴趣小组的学生进行交流。学生按照自己的实际情况选择进行基础任务、提升任务还是拓展任务。基础任务以模仿学习为主，模仿教师展示的案例，在实际动手操作中掌握传感器的基本编程知识。提高任务到拓展任务对学生的创新程度要求逐步提高，拓展任务要求学生利用 Arduino 套件与多种传感器元件创新性地解决自己发现的生活中的实际问题。教师展示社会创客空间中相关的创客作品及其分享视频，并提供演讲和进行汇报展示的一般方法，如可以从构思来源、设计方案、特色亮点等方面对自己的创客作品进行展示。学生以演讲的形式向所有同学展示作品，并将展示过程录像上传至智慧课堂云学习平台。最后，学生利用网络空间的评价表进行自评和组间互评。智慧课堂中的网络学习空间为创客教学实施提供了良好的平台，同时，网络学习空间本身所具备的社交属性也为创意变为现实提供了良好的推动力，也让迭代的思想不断发扬和体现。

【本章小结】

本章主要介绍了智慧课堂教学模式构建的有关内容，包括智慧课堂教学模式内涵、智慧课堂教学模式组成要素、智慧课堂教学模式构建的一般方法和几种典型的智慧课堂教学模式及其案例。

1. 智慧课堂教学模式的概述

智慧课堂教学模式是指在一定的教育理念、教学理论和学习理论指导下，在智慧教学环境中，教与学活动各要素之间的稳定关系和活动进程的结构形式。智慧课堂教学模式一般由教学理念和教学理论、教学目标、智慧学习环境和资源、教学要素及其关系、教学评价等若干要素组成。

构建智慧课堂教学模式的一般方法可归纳为：①明确指导思想，体现先进理论；②分析教学内容，确定教学目标；③选取教学环境，准备教学资源；④厘清要素关系，形成稳定结构；⑤设计教学活动，关注教学交互；⑥制定教学评价，诊断教学效果。

2. 典型的智慧课堂教学模式

典型的智慧课堂教学模式主要包括：智慧课堂个性化教学模式、智慧课堂翻转教学模式、智慧课堂生成性教学模式、智慧课堂可视化教学模式和智慧课堂创客教学模式。

第五章
智慧课堂教学评价

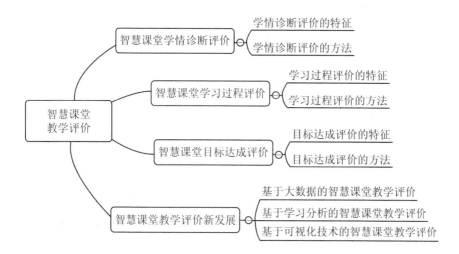
　　智慧课堂教学评价是指在智慧课堂中，以培养具有高智能和创造力的人才为目标，借助新兴智能信息处理技术与工具，采用相应的评价方法，对智慧课堂中教与学的过程及其结果进行测量，并作出科学精准的价值性判断的过程。

　　智慧课堂教学评价的智慧之处主要表现在以下三个方面：一是采用新兴智能信息处理技术；二是作出科学精准评价；三是提供智能学习决策。

　　本章从课堂教学过程的角度出发，提出智慧课堂教学评价的三种类型，它包括学情诊断评价、学习过程评价、目标达成评价，主要针对学习者课前学习的形成性评价、课中学习的过程性评价和学习完成后的总结性评价。

第一节　智慧课堂学情诊断评价

　　为了诊断学生情况、激发学习动机、调节教学行为，教师应积极利用有效的信息技术开展多元、智能的评价。学情诊断评价是教与学目标设定的基础，是教与学内容分析的依据，是教学策略选择和教学活动设计的落脚点，是对"以学生为中心""以学定教"教学理念的具体落实。

一、 学情诊断评价的特征

学情诊断评价是指在智慧课堂环境下,通过相应的技术手段对学习者的学习情况(包括学习历史记录和学习绩效)进行智能诊断,从而据此动态组织和智能推送适合学习者个性及能力的学习内容或学习方案的整个过程。

学情诊断评价表现出如下特征。

第一,科学精准判断。学情诊断评价是对学生学习现状进行测量、计算,并呈现可视化图表,从而通过数据做出科学精准判断。在此过程中,数据是核心,数据的全面采集与计算、过程的自动监控与记录、报告的动态生成与展现,是作出精准评价的前提。

第二,提供教学决策。学情诊断评价能够根据数据判断结果,为学习者提供学习诊断、预测和反馈,并为之后的课堂教学提供针对性建议和决策方案。教师通过智能控制数据和结果,在系统内各类数据的汇聚与处理基础上,深度挖掘分析,为学习者学习情况优化提供科学决策依据,进而调整并有效解决课堂学习过程中的问题。

学情诊断评价包括对学生的起点能力、学习风格、学习动机、学习兴趣、学习内容、学习方式、信息素养等的评价。其中,起点能力包括认知结构、认知能力、学习态度三个方面;学习风格包括环境偏好、信息处理方式、认知个性表现三个维度;学习动机包括内部动机和外部动机,其中,学生对某一知识内容的兴趣、好奇属于内部动机,学生希望获取教师、家长的奖赏或者避免惩罚属于外部动机;信息素养则包括信息技术应用技能、对信息内容批判与理解能力、融入信息社会的态度与能力。

二、 学情诊断评价的方法

智慧课堂教学评价是一个实时的、动态的、精准的评价过程,包括确定评价目标、构建评价模型、收集评价数据、分析评价数据、作出价值性判断、进行智能决策等阶段。学情诊断评价是智慧课堂教学评价重要的一部分。这里以广东省佛山市 S 中学的教学应用实践来具体说明如何进行学情诊断评价。

（一）确定评价目标

根据翻转课堂教学要求，选定教学内容为初中数学《二元一次方程与一次函数》，该课要求学生达到的目标有三方面：知识层面、方法层面和态度能力方面。目标如下所示：①理解二元一次方程与一次函数的关系；能利用函数图像写出二元一次方程组的解，能通过解方程组求直线的交点坐标。②学会用函数的观点去认识问题，体会转化和数形结合的思想方法。③养成严谨的学习态度，在探究中提升创新精神和实践能力。因此，该课的总体评价目标为教学目标，学情诊断评价阶段的目标是根据学生预学情况诊断并确立的，并以此结果动态调整评价目标。

（二）构建评价模型

教师预先建立体现上述教学目标的评价指标体系，拟定课前预学提纲并选择配套资源，然后利用智能信息推送技术推送课前检测题，以此诊断学习者的预学情况。如课前的"微课""预习提纲"和"课前检测题"均可以作为对学习者学习情况的诊断。一般教师利用智慧教学平台在课前发布预习任务；学生完成课前检测并将结果提交到平台上；学习平台的智能统计功能统计每道题目的错误率，并显示题目的错误率排行，这些数据与可视化的图表为教师分析学生预习情况，提供课堂教学决策依据。

（三）收集评价数据

智慧教学平台评价数据的收集主要依托智能设备（如电子书包、传感器等），自动监控与记录学习者的学习活动、过程，如记录学习者课前在电子书包资源库中浏览的知识点、观看的教学视频及其时间点、测试练习等，还包括采集课前学习者参与互动答疑次数、参与学习社区交流的次数及讨论主题分布等。因此，该阶段主要是利用智能设备或智慧教学平台自动监控和记录功能，收集学生"课前学习"完成检测题、预习任务等的有关数据。如图5-1所示，教师下发测试题，收集有关数据。

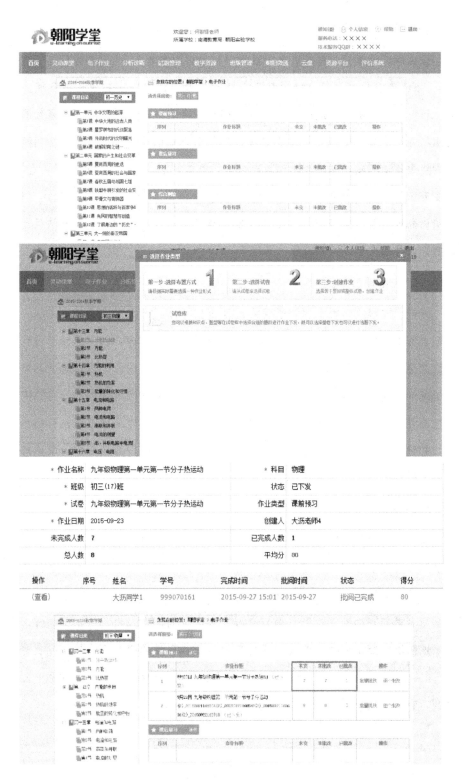

图 5-1 教师收集有关数据

(四)分析评价数据

通过智慧教学平台记录的数据进行学习分析，分析其背后的原理，为不同的学习者设计个性化的学习方案，自动推送不同的学习资源，优化和改进不同学习者的课前学习。因此，该阶段主要利用设备自动对相关数据进行统计分析并呈现可视化的数据及图表等，科学精准统计分析评价数据，确保评价的有效性、科学性。图 5-2 所示为智慧教学平台自动阅卷情况。

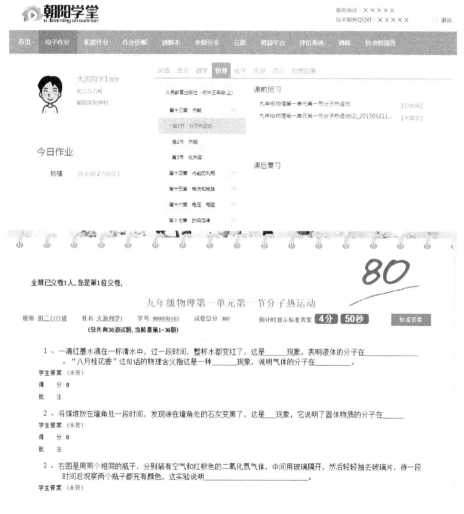

图 5-2　电子书包自动阅卷情况

(五)作出价值性判断

智慧课堂教学评价通过采用智能信息处理技术，对评价对象的品质特征作出科学精准的评价，并在评等定级、差异比较、达标程度、发展水平等方面进行价值性描述和判断。根据智慧教学平台中记录、分析的数据情况可得出以下诊断结果：通过"课前学习"，学生对基础知识和技能掌握较好。但仍存在一些问题：①重点问题和提升练习部分，检测效果不佳；②学生练习情况差异明显。

(六)进行智能学习决策

结合学情诊断评价目标，为学习者提供学习诊断、学习预测、学习反馈、学习建议等，促进学习者的学习发展。通过智能决策，教学更加个性化、管理更加精细化、决策更加科学化。因此，通过对"课前学习"的智能诊断，为"课中教学"采取有针对性的措施提供了科学依据。对于课中的教学设计方案，教师予以调整如下：①针对重难点问题，采取合作探究式教学；②针对学生差异显著问题，采取分层教学。

第二节　智慧课堂学习过程评价

学习过程评价即对学习过程进行的评价。它是在对学习过程达到一般认识的基础上，系统地搜集关于学习者学习过程的资料，分析和解决学习者学习过程中存在的问题，从而改进学习者学习过程的一种评价。它与学习起点评价、学习结果评价相对。

一、 学习过程评价的特征

学习过程评价需要贯彻一定的理念；也需使用一定的技术，而技术是为理念服务的。学习过程评价也体现出自身的特征。以素质发展为核心导向、促进学习、自主性、个性化等[①]是学习过程评价的理念。

(一)以素质发展为核心导向

学习评价的核心导向是素质发展，是指人自身的身心发展水平和特征，主要包括品德、知识、技能、智力、创造力、性格、气质、身体素质等。以素质发展为核心导向，是人学理念的一项基本要求。

---

① 丁念金：《学习过程评价的理念》，载《当代教育科学》，2012(12)。

学习过程评价以素质发展为核心导向，特别要求达到如下三点。第一，学习过程评价的根本宗旨在于促进学习者的素质发展，而非对学习者进行评等定级。第二，学习过程评价需制定一定的评价标准，而评价标准的核心是学习过程能否促进学习者的素质发展。第三，学习过程评价需以学生全面发展为主要导向。

(二)促进学习

相关研究和实践教学经验表明，通过评价可以促进学习。同时，学习过程评价只有做到促进学习，才能起到提升学习生活质量的作用。

学习过程评价体现"促进学习"的理念，特别要达到如下要求。第一，要明确认识，学习过程评价不是为了单纯地评判学习层次、给学习者评等，而是为了发现学习者学习过程中存在的问题，找到解决问题的对策，提高学习过程的质量。第二，通过学习过程评价，力图发现对于特定学习者来说的理想的学习过程。第三，通过学习过程评价，极大地激励学习过程，进而高效简化学习进程。

(三)学会自主

学习过程的实施需充分发挥学习自主性，这既是提高学习质量的一个重要保障，也是学习过程更加人性化的一个重要方面。学习过程评价应该遵循自主性的理念，即注重学习者的自主性。

学习过程评价体现"自主性"理念，特别要达到如下要求：第一，学习过程评价要由学习者自己主导、自己做主，并避免外在的控制。第二，学习过程评价应该纳入到学习者自主学习的框架体系之中，作为其自主学习的一个环节。第三，学习过程评价还要注重发展学习者的自主性意识和能力。

(四)走向个性化

学习应该是个性化的，学习目标、学习内容、学习进程、学习方式方法等均应因人而异。当前，个性化学习已受到普遍关注，并开始作为一种主流的学习方式开展。

学习过程评价应该遵循"个性化"理念，有以下几点要求：第一，学习过程评价所基于的评价标准应该是个性化的。第二，学习过程评价所揭示理想的学习过程是因人而异的，而非统一化。第三，学习过程评价要纳入到学习者个性化学习的整体框架体系之中，作为个性化学习的一个环节来开展。

特征是理念的投影，理念是特征的映射。学习过程评价有如下两个重要特征。

第一，关注学习过程。学习者在学习过程中会产生各种过程性信息，如学习者在参与学习活动时产生的信息、评论的信息、与他人交流的信息等，均可作为学习过程评价的一手资料。此类资料所产生的数据，包括基本信息数据、课业测试与作业数据、课堂实录数据、过程资源数据、学习时长数据、课堂行为数据等。这些数据主要以文本、图形图像、时空数据等信息类型呈现，学习过程评价即可引入相应的可视化分析工具进行实时分析，以便关注学习者的学习过程以及动态变化。

第二，重视非预期结果。学生的学习过程是丰富多样的，不同的学生会有不同的学习经历，从而产生不同的学习结果。过程性评价将评价的视野投向学生的整个学习过程，认为凡是有价值的学习活动或结果都应当得到评价的肯定，而不管其结果是否在预定的目标范围内。过程性评价也会对学习的结果进行评价，与传统评价所不同的是，这里的结果是过程中的结果，且其评价标准不是预设的，而是目标游离和价值多元的。如学生自己的一些非正式的学习活动，如与人谈话、浏览网页、看电视或阅读一些教师所列书单上没有的书籍等，都可能引发新的思考，这些新思考往往成为新思想、新发现的重要来源。

二、 学习过程评价的方法

对学习过程的研究中，"教学认识论"是我国现行教学思想观念中最有代表性和最有影响的一种教学观念。这种教学观念将学生学习过程看作一种特殊的认识过程，这是将学生学习过程与人类一般的认识过程相比较而得出的结论。按照这种观点，学生学习作为特殊的认识过程主要表现为：在认识的条件上，学生的学习是在教师引导下的认识活动。①

对学习过程的评价具有重要意义，一方面可以明晰学生的学习路径，为学生自我调节和个性提升提供支持；另一方面可以为教师及时调整教学进程提供依据。在目前的智慧学习环境中，针对学习达标情况的评价，可采用以下几种方法。

---

① 陈佑清：《略论学生学习过程的发现性质》，载《教育研究》，2000(5)。

第一种，基于在线测试的即时性评价。

在智能教学平台上，学生可以自主进行在线测试，系统会对答题信息进行自动批改。学生根据系统的即时反馈，利用题目解析和错题本功能，在纠错、反思、补救、再反思的过程中，进行自我评价，自我计划、自我调节和改进，有利于有效的元认知策略的形成。基于在线测试的即时评价可用于课前对学生预习情况进行评测分析、在课中及时了解学生的知识掌握情况，以及在课后对所学知识进行巩固加深。

第二种，基于统计分析的个性化评价。

智能教学平台可精确分析每位学生或全班同学作业、练习的完成情况，并以柱状图、扇形图等可视化方式进行显示。教师根据直观的反馈信息对学生在解题过程中遇到的困难进行分析，针对普遍存在的疑难点给予简明的点拨与提示，有利于实现个性化的指导与评价。

第三种，基于互动讨论的多元化评价。

智慧课堂教学评价强调评价主体的多元化，提倡学生、教师、家长等共同参与评价。基于智能教学平台的互动讨论功能，学生可在教师的引导下将观点、作品、成果等在平台上进行共享，教师、学生、家长均可进行访问，并对其进行交流、点评，实现了多元化的评价。

第四种，基于学习空间的发展性评价。

学生在智能设备上学习、答题、互动、提交作业等数据，都自动在云学习空间中记录和存储。教师可以利用这些数据进行课后总结，并通过把学生的在校表现发送给家长，使学校和家长双方能够全面、准确地掌握学生的学习情况。学生也可使用这些数据进行自我评价和反思，起到学生成长记录袋的作用，以便对学生进行发展性评价。

第三节 智慧课堂目标达成评价

目标达成评价是以学科教学理论和评价理论为依据，根据一定的评价目标，对智慧课堂教学中，学生的学习表现、达到学习目标的程度进行判断与等级评定，它是不断完善课堂教学的重要依据和途径。

一、 目标达成评价的特征

目标达成评价要将学科课程标准、学科课程目标以及培养学生全面发展这一终极目标作为依据，进而开展科学、合理、精准的评价。目标达成评价具有以下特征。

第一，学科课程标准是基础。

课程标准是规定某一学科的课程性质、课程目标、内容目标、实施建议的教学指导性文件。课程标准与教学大纲相比，在课程的基本理念、课程目标、课程实施建议等几部分阐述课详细、明确，特别是提出了面向全体学生的学习基本要求。课程标准，就是对学生在经过一段时间的学习后应该知道什么和能做什么的界定和表述，实际上反映了国家对学生学习结果的期望。课程标准通常包括了几种具有内在关联的标准，主要有内容标准（划定学习领域）和表现标准（规定学生在某领域应达到的水平）。学科课程标准对教师的评价内容、评价方式以及评价应发挥的功能方面做了明确的规定，是教师进行教学评价的基本依据和参考。如《义务教育语文课程标准（2011版）》明确指出，语文课程评价应准确反映学生的学习水平和学习状况，全面落实语文课程目标；充分发挥语文课程评价的多重功能，恰当运用多种评价方式，注重评价主体的多元与互动，突出语文课程评价的整体性和综合性；要根据不同年龄学生的学习特点，按照不同学段的课程目标，抓住关键，突出重点，采用合适方式，提高评价效率；语文课程评价应该改变过于重视甄别和选拔的状况，突出评价的诊断和发展功能。

第二，学科课程目标是标尺。

教学目标是对教学效果的预期追求。课程目标从知识与技能、过程与方法、情感态度与价值观三个维度表述并做出了更具体的要求。这些更具体的表述是学科课堂教学评价的主要标尺，智慧课堂教学目标是否达成，判断的标准即是这些目标是否实现。学科课程目标与课堂教学目标是相互统一、相辅相成的。学科课程目标是评价学科课堂教学的依据，学科课堂教学目标是实现学科课程目标的桥梁和重要渠道。如《义务教育数学课程标准（2011版）》明确指出，通过义务教育阶段数学的学习，学生能获得适应社会生活和进一步发展所必需的数学的基础知识、基本技能、基本思想、基本活动经验；体会数学知识之间、数学与其他学科之间、数学与生活之间的联系，运用数学的思维方式进行思考，增强发现和提出问题的能力、分析和解决问题的能力；了解数学的价值，提高学习数学的兴趣，增强学好数学的信心，养成良好的学习习惯，具有初步的创新意识和科学态度。

第三，学生的全面发展是核心。

《基础教育课程改革纲要（试行）》提出新课程培养目标应体现时代要求，即培养"有理想、有道德、有文化、有纪律的一代新人"。与新课程目标相适应的全新的"促进学生全面发展"的评价体系应运而生，尤其是智慧课堂教学时代。这种评价不仅要关注学生的学业成绩，而且要发现和挖掘学生的多方面潜能，了解学生在发展中的需求，帮助学生全面地发展。目标达成评价不仅包括"三维"目标，还包括学生的素质发展、创新精神、实践能力等，旨在培养学生学会求知、学会做事、学会做人、学会共处，成为适应社会发展需要的新型人才。在"学生为本"理念指导下的教学评价必然要体现学生的全面发展状况，对目标达成状态进行评价时，必须在充分尊重学生个体差异的基础上，选择合适的评价方法和评价工具。

同时，在开展目标达成评价时需要遵循以下原则。

一是差异性原则。根据加德纳的多元智能理论，对课堂教学目标达成进行评价时，要充分考虑学生的个体差异性。评价方式和手段要多样化，对不同个体的评价结果要个性化处理。如，学生在某一维度的目标达成高低智能作为现阶段评价该维度目标的达成情况，而非表明整个课堂教学目标达成情况。对目标达成评价的差异性原则有助于在教学实践中实现"因材施教"。

二是发展性原则。目标达成评价不仅关注学生学习结果，注重对基础知识和技能的理解和掌握状况的评价，更关注学生成长发展的过程，在学习完成后学习方式、思维方式的变化，以及学生学习后表现出来的主动性、创造性和积极性。学生在课堂教学结束后的学习效果评价是目标达成评价的一个重要组成部分，但不是全部。判断学生目标达成，应综合学生各方面的表现进行评价，并开展多元评价。

三是可行性原则。对目标达成的评价体系要符合当前课程改革、信息化教学的实际。评价标准是在课堂教学实践中所必需，同时也必须是现有条件下能够执行的，只有这样才能真正发挥评价的激励与反馈作用。另外，评价内容必须是具体的、可观察、可感受、可测量的，以便评价者准确评价，评价结果才真正客观、有效。

二、　目标达成评价的方法

智慧课堂教学评价是一个实时的、动态的、精准的评价过程，它包括确定评价目标、构建评价模型、收集评价数据、分析评价数据、作出价值性判断、进行智能决策等阶段。目标达成评价是智慧课堂教学中必不可少的一个评价环节。这里以智慧学习环境下小学语文阅读课生成性教学实践为例，说明智慧课堂目标达成情况，以此阐明目标达成评价过程。

生成性教学是在弹性预设基础上，师生充分交互，不断调整教学活动和行为，共同建构并形成新的信息、资源的动态过程，以实现教学目标和创生附加价值。L小学在基于电子书包的智慧课堂环境下，开展小学语文阅读教学。经过两轮实践教学后，学习者的目标达成情况成为衡量该校生成性教学成效的重要指标之一。

第一，确定评价目标。根据生成教学实践要求，第一轮选定教学内容为小学语文《新型玻璃》，第二轮选定教学内容为小学语文《梦想的力量》（如表 5-1 所示）。

表 5-1　小学语文阅读课生成性教学路径的行动研究计划表

研究内容	研究计划
《新型玻璃》(2 学时)	第一轮行动研究
《梦想的力量》(2 学时)	第二轮行动研究

现以《梦想的力量》为例，该课要求学生达到如下目标：①识记并理解"梦想的力量"主题内容；②掌握多种阅读方法，提升在阅读中质疑解疑能力；③养成认真阅读的态度和习惯。

第二，构建评价模型。根据生成性教学的内涵与追求，以教学目标的实现和附加价值的生成程度作为评价标准，同时结合布鲁姆的教学目标分类理论及新课标下小学语文阅读课的"三维"教学目标制定小学语文阅读课生成的评价指标体系。然后制定小学语文阅读课生成情况表，并准备一套知识检测题。具体如图 5-3、图 5-4、图 5-5 所示。

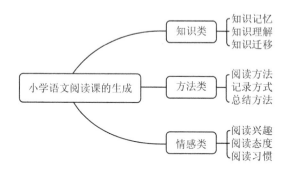

图 5-3　小学语文阅读课生成的评价指标体系

小学语文阅读课情况调查表

这是一份调查小学阅读课情况的量表。本量表仅供研究使用，您所提供的信息将完全保密。请根据自己的实际情况点击小星星。答案无所谓对错，符合自己的真实情况即可。感谢您的合作！

1. 应用电子书包阅读后，我学会整体阅读法 *

   完全不符合 ☆☆☆☆☆ 完全符合

2. 应用电子书包阅读后，我学会分读法 *

   完全不符合 ☆☆☆☆☆ 完全符合

3. 应用电子书包阅读后，我学会口诵笔述法 *

   完全不符合 ☆☆☆☆☆ 完全符合

4. 应用电子书包阅读后，我学会带题阅读法 *

   完全不符合 ☆☆☆☆☆ 完全符合

5. 应用电子书包阅读后，我能轻松快速阅读 *

   完全不符合 ☆☆☆☆☆ 完全符合

6. 应用电子书包阅读时，我会对阅读内容做批注 *

图 5-4　小学语文阅读课生成情况表

《梦想的力量》习题

一、给划线字选择正确的读音。

募捐（mù mò）　　　　　　　水泵（bàng bèng）

筹齐（chóu cóu）　　　　　　一声不吭（kēng kěn）

二、辨字组词。

句（ ）　募（ ）　筹（ ）　颠（ ）　簇（ ）

询（ ）　幕（ ）　寿（ ）　慎（ ）　族（ ）

三、选词填空。

A 热烈　　B 猛烈　　C 强烈　　D 剧烈

1.风，（ ）地摇撼着路旁的梧桐树。

2.在（ ）的阳光下，那水面上仿佛铺满了一颗颗水晶。

3.孩子们（ ）地鼓掌，欢迎瑞恩的到来。

4.汽车在崎岖的山路上（ ）地颠簸着。

四、按要求写句子。

1.瑞恩帮助非洲儿童挖了井。瑞恩成立了"瑞恩的井"基金会。（用关联词语结合成一句话）

_____

2.妈妈说："瑞恩，你只能靠额外的家务活来赚那些钱。"（改为陈述句）

_____

3.他只是兴奋地说："那我再多干些活挣更多的钱吧！"（给句子换个说法，意思不变）

_____

五、根据对课文的理解选择相应的答案。

1."在此时有谁不流泪呢？"意思是说：（ ）

A.在此时没有谁流泪。　　　B.在此时谁也不流泪。

C.在此时谁都会流泪。　　　D.在此时有谁流泪。

1.瑞恩的梦想是：（ ）

A.攒够 70 元。　　　　　　B.攒够 2000 元。

C.攒钱买钻井机。　　　　　D.给非洲孩子修一口井，让他们有干净的水喝。

六、填一填，写一写。

1.瑞恩实现梦想的三个步骤是什么？

_____

2.如果你是瑞恩，你会怎么做？

_____

3.你的梦想是什么？你将如何实现你的梦想？

图 5-5　知识检测题

第三，收集评价数据。该评价数据来源主要分三类：①智慧教学平台自动记录的数据。包括大量学生制作的电子书、思维导图、阅读批注等。②测试题数据。围绕知识记忆、知识理解、知识迁移三个维度，设计难度系数相同的测试题进行评价知识类生成，通过自动阅卷获取的相应数据。③问卷星数据。根据小学语文阅读课生成的评价指标体系，采用里克特五点量表，并根据量表的信度和效度分析结果进行适当调整，而制订了测量方法类生成的 15 个问题和情感类生成的 4 个问题。最终收集的相关数据如图 5-6 所示。

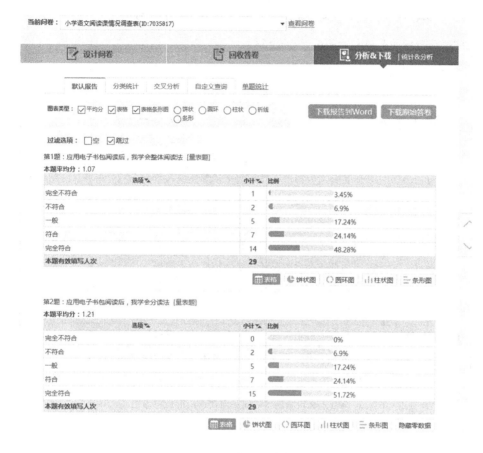

图 5-6　问卷星数据

第四，分析评价数据。根据智慧教学平台、测试题、问卷星数据及相应的分析报告，可知最后分为知识类生成、方法类生成、情感类生成三种数据情况。

表 5-2　知识类生成情况

一级指标	二级指标	得分	
		第一轮	第二轮
知识类	知识记忆（40 分）	35.33	36.48
	知识理解（30 分）	27.62	27.73
	知识迁移（30 分）	23.04	23.85
	合计（100 分）	85.98	88.06

如表 5-2 所示，对于知识类生成情况得出的初步结论是：①两轮总分得分，说明该教学对知识类的生成是有效的。②"知识记忆"和"知识理解"两指标分值接近各指标的总分值，说明该教学对促进这两方面的生成较为明显。③"知识迁移"这一指标的分值相对较低，生成低效。

表 5-3 为方法类生成数据情况。

表 5-3　方法类生成情况

一级指标	二级指标	具体问题	得分率	
			第一轮	第二轮
方法类	阅读方法	1. 应用电子书包阅读后，我学会整体阅读法	0.52	0.55
		2. 应用电子书包阅读后，我学会分读法	0.59	0.54
		3. 应用电子书包阅读后，我学会口诵笔述法	0.55	0.59
		4. 应用电子书包阅读后，我学会带题阅读法	0.66	0.66
		5. 应用电子书包阅读后，我能轻松快速阅读	0.80	0.86
	记录方式	1. 应用电子书包阅读时，我会对阅读内容做批注	0.66	0.68
		2. 应用电子书包阅读时，我会对阅读内容写卡片	0.57	0.57
		3. 应用电子书包阅读时，我会对阅读内容做笔记	0.63	0.63
		4. 应用电子书包阅读后，我会对阅读内容列提纲	0.54	0.57
		5. 应用电子书包阅读后，我会对阅读内容绘制图表	0.52	0.57
		6. 应用电子书包阅读后，我会对阅读内容做概念图	0.59	0.55
	总结方法	1. 应用电子书包阅读后，我经常写读书笔记	0.50	0.59
		2. 应用电子书包阅读后，我经常作自我反思	0.30	0.55
		3. 应用电子书包阅读后，我经常写个人总结	0.30	0.54
		4. 应用电子书包阅读后，我经常制作个人小作品	0.25	0.48

如表 5-3 所示，对于方法类生成情况结论是：①两轮研究各题项得分 Fi 均大于 0，说明应用该教学可顺利实现方法类的生成。②第一轮研究得分说明该教学可促进方法类的生成；第二轮研究得分说明该教学的完善对"阅读方法"和"记录方式"的生成效果显著。③第一轮研究说明"总结方法"的生成还需要加以引导；第二轮研究说明通过教学的完善，"总结方法"的生成明显提升。

表 5-4　情感类生成情况

一级指标	二级指标	具体问题	得分率	
			第一轮	第二轮
情感类	阅读兴趣	1. 应用电子书包阅读后，我更喜欢用电子书包学习	0.52	0.68
		2. 应用电子书包阅读后，我的阅读兴趣提高了	0.64	0.75
	阅读态度	3. 应用电子书包阅读时，我更加认真仔细阅读	0.52	0.68
	阅读习惯	4. 应用电子书包阅读后，我的阅读习惯改变了	0.57	0.63

如表 5-4 所示，对于情感类生成情况，结论如下所示：①两轮研究中各题项得分 Fi 均大于 0.5，说明该教学对情感类的生成效果显著；②第二轮研究得分均有提升，说明完善的教学提升了学生的"阅读兴趣"，转变了学生的"阅读态度"，改变了学生的"阅读习惯"。

通过两轮实践教学，可得出以下结论：①完成了语文阅读的预定教学目标；②实现了知识、方法和情感生成等附加价值。

第五，作出价值性判断。由两轮教学实践的评价结果可知，在智慧学习环境中开展小学语文阅读课生成性教学效果显著。但仍存在以下问题：①教师推动生成中的有效指导能力不足；②教师捕捉有效生成的能力缺乏。针对如此现状，根据上述评价结果，建议下一阶段的教学成为重中之重。

第六，进行智能学习决策。根据上述数据结果、价值型判断，对下一阶段教学建议为：①教师加强对生成性教学理论的学习；②教师在进行教学设计时，通过可视化技术，将生成性教学路径可视化；③教师进一步熟悉并掌握对智慧学习环境中技术的使用。

拓展资源 5-1：《智慧学习环境下小学语文阅读课生成性教学路径的探究》论文

扫一扫，认真阅读《智慧学习环境下小学语文阅读课生成性教学路径的探究》论文，深入体会智慧课堂目标达成评价。

第四节	智慧课堂教学评价新发展

随着智能技术在教育教学领域的迅速发展和广泛普及，智慧课堂教学评价出现了新的工具支撑，如大数据、学习分析、可视化等新型教学评价方法正大势冲击传统评价方法，并受到专家学者以及一线教师的关注及应用。与时俱进是事物发展的不竭动力，也是新时代课堂生态的重要特征。作为课堂教学的重要环节，新时代下的教学评价也应拥抱云计算、大数据、学习分析和可视化等智慧技术。智慧课堂教学评价将不断朝着基于大数据、学习分析和可视化技术前进，开拓出新路向。

一、 基于大数据的智慧课堂教学评价

教学评价是课堂教学的重要组成部分，对教学质量起着至关重要的作用。随着智能技术在教育教学领域的迅速发展和广泛普及，课堂教学的评价方法也有了新的工具支持，量规、电子作品、概念图等也一度成为教学评价的常用方法，但仍存在数据不准确、过程型数据遗漏或无法采集等多种弊端，分析结果缺乏综合性、教学决策精准度不够。教育大数据的应用则为智慧课堂教学评价提供了效果良好的解决方案。

(一)大数据的内涵与特征

最早提出"大数据"时代到来的是全球知名咨询公司麦肯锡，该公司在《大数据：创新、竞争和生产力的下一个前沿领域》报告中称，大数据指的是大小超出常规的数据库工具获取、存储、管理和分析能力的数据集。同时强调，并不是说一定要超过特定 TB 级的数据集才能算是大数据。[1] 研究机构 Gartner 给出了这样的定义：大数据是需要新处理模式才能具有更强的决策力、洞察发现力和流程优化能力的海量、高增长率和多样化的信息资产。[2]

大数据立足于对大量数据的深度挖掘与科学分析，寻求数据背后的隐含关

---

[1] Manyika J，Chui M，Brown B，et al. Big data：the next frontier for innovation，competition，and productivity. McKinsey & Company，2011(5)：1-143.

[2] Gartner. Big data. http://blogs.gartner.com/it-glossary/big-data/，2016-10-22.

系与价值，使得人们可以从基于小样本数据的推测或基于感性的偏好性选择转向基于数据分析与理性证据的决策①。当前，大数据正不断地深入教育领域，越来越多的教育工作者开始关注大数据在教育评价中的应用价值。

目前，研究界认可的是大数据应当满足 3V 特点，即规模性（Volume）、多样性（Variety）和高速性（Velocity），随后，不同的机构将其扩展成为 4V，如 IBM 提出的准确性（Veracity）以及 IDC 提出的价值性（Value）等。②

第一，数据规模巨大。指收集和分析的数据量非常大，从 TB 级别跃升到 PB 级别。这些数据集有各种各样的来源：传感器、平板电脑、智能手机、数码笔、可穿戴设备等。

第二，数据种类多样。反应在教育教学中，包括学习者课堂学习过程数据、非正式学习过程数据、个性化数据、学习成果数据等。

第三，数据处理速度快。大数据以数据流的形式产生、快速流动、迅速消失，且数据流量通常是不平稳的，会在某些特定时段突然激增，数据涌现特征明显。对于大数据应用而言，很多情况下都必须要在瞬间形成结果，否则处理结果就是过时和无效的，这种情况下，大数据要求快速、持续的实时处理。③

（二）大数据对智慧课堂教学评价的支持

基于大数据的智慧课堂教学评价是指通过采集学习者学习过程中或学习结果数据，从而对学习者的课堂学习情况进行评价的一种形式，它克服了传统教学评价耗时长、数据不准确、过程型数据遗漏或无法采集等多种弊端，有利于实现对学习者的全面评价，有利于促进学习者的综合素质与能力的发展。因此，大数据为智慧课堂教学评价提供了重要的支撑作用，为克服原有教学评价的不足提供了良好的解决方案。

1. 提供多方参与评价的途径

传统的教学评价主要针对学习者的学习成绩测试，评价主体也主要涉及学

① 郑燕林、柳海民：《大数据在美国教育评价中的应用路径分析》，载《中国电化教育》，2015(7)。
② 孟小峰、慈祥：《大数据管理：概念、技术与挑战》，载《计算机研究与发展》，2013(1)。
③ 马建光、姜巍：《大数据的概念、特征及其应用》，载《国防科技》，2013(2)。

校相关部门和教师，全程评价表现出不可逾越的封闭性特征。然而，21 世纪的人才需要合作能力，需要学习者具备问题解决能力与批判性思维等，强调对学习者的综合素养评价，评价既包括过程性评价，也覆盖总结性评价；既有外在学习行为表现，也由内在学习心理表征等。基于大数据的智慧课堂教学评价可实现对多维教育教学数据的深度分析，也提供不同参与者评价的途径。教师通过数据反馈结果了解学习者表现并以此为依据调整教学，满足学习者的个性化、个别化学习需求；家长通过数据情况熟悉孩子的强项以及可提升的领域，从而为孩子提供最适宜的学习建议；教育管理人员可通过数据分析何种项目对提升学习者的综合素质成效明显，进而实现高效便捷管理等。基于大数据的智慧课堂教学评价为提供学习者不同情境下学习数据的多方主体共同参与评价架设了桥梁。

2. 推动数据驱动的教学决策

数据驱动决策在教育中是指收集、分析、报告和使用数据用于教育教学改进的过程。[1] 基于大数据的智慧课堂教学评价支持学习者学习偏好设置、学习内容推送、学习方式优化、学习效果评价等方面的教学决策。教师可利用教育大数据改进与优化自己的教学决策。例如，教师可利用大数据分析需要在何种时机对哪些学生以何种方式安排何种教学内容。[2] 教师利用学习者产生的大数据，或借助与外部大数据的对比分析，深度评价学习者的学习效果，分析学习者的学习偏好与个性化需求，进而分析学生群体的学习需求。同时，也可利用数据分析哪些学习者更适合开展小组学习，如何分组更合理等。针对学习困难的学习者，通过大数据的利用可分析学生在什么环节、哪种类型的内容学习方面存在问题，进而挖掘影响学习者学习的深层因素，以便给出适当的学习支持与干预。[3] 因此，借助大数据技术的应用，关键在于"数据"的驱动，使得教学决策更

---

[1]　University of New Mexico College of Education. This issue: Data-Based Decision Making for Student Success. Institute for Professional Development，2004，12(3).

[2]　Pistilli M D, Arnold K E. In practice: Purdue Signals: Mining real-time academic data to enhance student success. About Campus，2010，15(3).

[3]　郑燕林、柳海民：《大数据在美国教育评价中的应用路径分析》，载《中国电化教育》，2015(7)。

加全面精准。

3. 促进学习者的发展性评价

发展性评价是指通过系统地搜集评价信息进行分析，对学生的教育活动进行价值判断，实现其发展目标的过程。发展性评价主要发挥评价诊断的功能，突出评价的过程，重视学生的个性差异，因此，其往往要和学生的学习过程紧密结合，进行长期追踪。

基于大数据的智慧课堂教学评价不再依赖对单一评价对象的单一评价维度实施评价，尽可能地将教学评价的数据纳入其中，包含结构化数据的获取，也包括非结构化数据的收集，旨在获取更为全面的数据，促进学习者的发展性评估。大数据技术寻找关联性的思维模式契合了智慧课堂教学评价情境下对充实依据与有效证据的本真需求。这种基于大数据的智慧课堂教学评价，为学习者实现个性化、差异化的学习发展目标提供了有效支撑。

二、 基于学习分析的智慧课堂教学评价

学习分析技术注重监测和预测学生的学习成绩，及时发现潜在问题，为教学过程提出有针对性的改进策略和教育决策，比如通过仪表盘或构建图形化模型等方式对学习过程进行评估、追踪预测和分析以实现个性化学习。[①] 基于学习分析的智慧课堂教学评价为提升学习者学习质量提供了新的思路，并以数据驱动的方式改进智慧课堂教学实践、促进学习者个性发展。

(一)学习分析

学习分析的概念源于美国高等教育信息化协会的"下一代的挑战"，认为使用数据和模型预测学生收获和行为具备处理这些信息的能力。[②] 2011 年，首届学习分析与知识国际会议将学习分析技术定义为，测量、收集、分析和报告关

---

① 胡艺龄、顾小清、赵春：《在线学习行为分析建模及挖掘》，载《开放教育研究》，2014，20(2)。

② 吴永和、陈丹、马晓玲等：《学习分析：教育信息化的新浪潮》，载《远程教育杂志》，2013(4)。

于学习者及其学习情景的数据，以期了解和优化学习及产生的环境的技术①。美国高等教育信息化推进组织 EDUCAUSE 研究机构对学习分析的界定为，学习分析就是利用数据和模型，预测学习者在学习中的进步和表现，预测未来表现和发现潜在问题②。由此可见，学习分析技术分析的对象是学习者及其学习环境，目的是评估学习者、发现潜在问题、理解和优化学习，是最贴近教育需求的数据分析技术。

由上述定义可知，学习分析具有以下特征。

第一，多样化的数据来源。数据来源有学习管理系统（LMS）、课程管理系统（CMS）和学生档案系统等数据库，也有学习者学习过程中的资料、作品、学习轨迹等；也包括学习者个人非正式知识管理系统（如博客、微博、微信等）等。不同来源的海量数据为个性化的学习服务提供了支撑，数据采集自动化为智能化的学习提供了便捷条件。

第二，模块化的分析技术。学习网络的实时调整、学习者关系的动态变化及学习内容的复杂多变，使得网络学习的过程研究变得十分复杂。若开展有效分析，单一的学习分析工具已无法满足智慧学习环境中对学习分析的多样化要求。此时，便需要强调对多种工具、多重方法、多类技术的模块化聚合，针对不同的数据采用不同模块进行加工、挖掘和分析，进而透过数据对网络教学做合理的解释，并为网络学习提供支持和保障。

第三，可视化的分析结果。学习分析的主要目的是预测学习结果和提高学习绩效，并以可视化和直观化形式显示数据，以便学习者和教师对自身情况作出判断。可视化的方式使得师生更加直观解读学习的参与程度或预测学习者的努力程度。

第四，微观化的服务层次。学习分析的直接服务对象是教师和学习者，对网络学习过程中发生的各种数据进行分析和提供建议，如通过教学数据反馈帮助教师提高教学质量、教学水平和职业技能，通过学习情况反馈帮助学习者提

---

① Siemens G, Long P. Penetrating the Fog：Analytics in Learning and Education. Educause Review，2011，46(2).

② The New Media Consortium. Learning Analytics. The Horizon Report 2011 edition，2011.

高课程通过率、为学习者适应性学习提供建议等。

(二)学习分析对智慧课堂教学评价的支持

学习分析技术作为一种有效分析学习过程和结果的工具，以其对绩效评估、过程预测与活动干预的便捷性等特点，越来越受到教育界的追捧。也正由于学习分析技术发展带来的优势，采用其开展智慧课堂环境下的教学评价才更加方便实现过程性、动态性、多元评价，才更有利于学习者个性化学习、弥补原有能力的不足，以及教师教学效率的提高、教学质量的改善。因此，学习分析对智慧课堂教学评价的支持作用如下。

1. 有利于教师对学习进行分析

利用学习分析技术，教师可获得学习者学习绩效、过程及学习环境等信息，为教师优化课堂教学提供方法和思路。对教师来说，改善教学质量、提高教学水平、促进教学效益最大化是主要目标。学习分析技术可帮助教师了解单一学习者和整体学习进展情况，也能获取学习者学习风格、参与度、积极性等一系列可视化分析报告。在此基础上，教师可针对个别学习者采取恰当的教学干预，也可通过改进教学方案、改变教学方式等开展教学。学习分析技术为学习和评估方式创造出更多的可能性和灵活性，促进教学模式的改变和教学过程的优化。

2. 有利于学习者进行自我评估

学习分析的主要目的是预测学习结果和帮助学习者反思。学习分析作为一种有效的辅助学习工具，可帮助学习者开展自我评估、实施个性化学习、提升学习危机预警等。如学习者可借助学习分析技术获取个人学习情况报告，进行自我评价，了解自己的优势和不足，自我认识、自我定位、自我规划等。学习者也可分析自己的学习过程数据，通过回顾自己学习时间、内容、方式等，开展个性化学习，也能引导学习者自我管理和自我激励；还能借助其提升学习危机感，自我采取相应的措施赶超学习同伴。

三、 基于可视化技术的智慧课堂教学评价

近年来，网络技术飞速发展，计算机在信息表达和信息交互方面取得了骄人战绩，也为网络教学评价提供了新的视角。可视化技术为视觉教学理论注入了新的活力，是现代教育技术发展的必然趋势，在智慧课堂教学评价中的应用潜力也是巨大的。可视化技术体现了人们在可视化方面的不同需求，这些技术是随着科学技术的进步和人类认知的需求逐步发展而来的，它们的共同特点都是利用计算机图形图像技术来分析和显示数据。基于可视化技术的智慧课堂教学评价使得智慧课堂教学过程的数据得以实时呈现，有利于学习者自我反思、自我警醒能力的发展。

(一)可视化技术

"可视化"作为专业术语出现，始于美国自然科学基金会在 1987 年召开的一个专题研讨会，报告中美国对可视化的定义是：可视化是一种计算和处理的方法，它将抽象的符号(数据)表示成具体的几何关系，使研究者能亲眼看见他们所模拟和计算的结果，使用户看见原本不能看见的东西。

潘云鹤认为，可视化的基本含义是运用计算机图形学或一般图形学的原理和方法，将数据转换为图形、图像，以直观的形式表示出来的理论、方法和技术。

可视化技术不仅能够为学习者学习过程提供可视化的支架与导航，还可作为认知工具支持学生知识的建构和问题的解决。随着技术的发展，新一代技术广泛应用于教育领域，也为网络教学评价提供了有力保障。随着可视化技术的不断发展，可视化技术具有以下特征。

第一，直观化。直观形象地呈现数据，可用图像、曲线、二维图形、三维体和动画等显示，并可呈现数据之间的相互关系。

第二，多维性。用户能清晰看到数据多个属性或变量，以及实现数据的分类、排序、组合和显示。

第三，关联化。挖掘并突出呈现数据之间的关联，直接快捷地厘清各属性、事件之间的关系。

第四，交互性。实现用户与数据的交互，增强用户对数据的控制、管理与开发。

第五，艺术化。通过不同的表现形式，增强数据呈现的艺术效果，符合审美规则。

（二）可视化技术对网络教学评价的支持

可视化技术的发展，加快了数据的处理速度，使得工作、学习过程中产生的海量数据得以有效利用。数据、知识、思维等的可视化处理将抽象、复杂的过程以形象化的视觉表达形式进行呈现，实现了人人、人机之间的图像通信，使人们可观察到传统方法难以发现的现象和规律，进而助力人们的科研、工作和生活。可视化技术为智慧课堂教学评价提供了一种新的方法和思路，使得智慧课堂教学过程的数据得以实时呈现，方便开展并优化师生的教与学活动。

基于可视化技术的智慧课堂教学评价是指对学习者学习过程进行评价，并将过程数据以图形、图像等直观形式表示出来的一种评价方式，使得教师快速便捷地掌握学习者整体学习情况，有利于学习者自我反思、自我警醒能力的发展。因此，基于可视化技术的智慧课堂教学评价具有如下特点。

1. 提供智慧课堂教学过程立体化呈现效果

基于可视化技术的智慧课堂教学评价，一方面体现了"一图胜千言"的表达优势，另一方面通过可视化技术将智慧课堂教学过程的相关数据，以即时反馈、全局展示、动态累积、趣味显示的方式应用于网络教学各环节和活动中，并着重突出"可视化"的教学互动及教学的动态生成，实现智慧课堂教学过程立体化呈现。它不仅具有显著的吸引力、沟通力，也强烈增进学习者对教学过程以及内容的理解与认知，进而促进学习者学习过程中的认知建构与知识生成。

2. 实现动态评价和实时反馈的跟踪指导

传统的教学评价重在对学习者学习内容、学习结果、教师教学过程等静态数据的评价，而忽略了评价数据本身的动态变化性，忽视了探讨评价数据和教与学改进间的相辅相成关系。基于可视化技术的智慧课堂教学评价从评价数据的教学性和动态性深入挖掘其价值所在，并从可视化的实时性、全面性等着手，突破传统教学评价的局限提供新的路径。通过跟踪、分析、挖掘可视化数据之间的关系，了解每个学习者的具体表现情况，分析其内在的规律，进而有针对性地对学习者进行指导和管理，弥补教师原有教学的不足。

3. 实现评价数据结果趣味化展示

利用可视化工具，针对评价数据结果可视化的趣味呈现，可增进智慧课堂教学互动的趣味性。如 Socrative 提供有"太空赛"功能，可实时展示学生的学习进展并支持与校内、国内乃至全球其他班级展开竞技比赛①。教师在使用可视化工具对学习者行为、学习结果实施可视化分析评估时，不同的可视化系统工具表现形式各异，形象趣味性地完成整个评估过程，并实现实时展现，是基于可视化技术的智慧课堂教学评价的一个重要亮点。

【本章小结】

本章主要介绍了智慧课堂学情诊断评价、学习过程评价和目标达成评价等三种常见的智慧课堂教学评价类型，并论述了智慧课堂教学评价的新发展。要点如下：

1. 学情诊断评价、学习过程评价和目标达成评价的特征

学情诊断评价的特征：①科学精准判断；②提供教学决策。

学习过程评价的特征：①以素质发展为核心导向；②促进学生学习；③帮助学生学会自主学习；④走向个性化学习；⑤关注学习过程；⑥重视非预期结果。

目标达成评价的特征：①学科课程标准是基础；②学科课程目标是标尺；③学生的全面发展是核心。

2. 智慧课堂教学评价的新发展

智慧课堂教学评价的新发展包括：①基于大数据的智慧课堂教学评价；②基于学习分析的智慧课堂教学评价；③基于可视化技术的智慧课堂教学评价。

---

① 阮士桂、郑燕林：《课堂数据可视化的价值与教学应用》，载《现代远程教育研究》，2016(1)。